Für meine wunderbare Familie,
die mich glücklich macht und stets für mich da ist.
Für Helmut, meine Töchter Franziska und Josefine
und meine Eltern.

Impressum

edition [zwischenräume]
Michaela Barthel
14979 Großbeeren
Birkenstraße 12
www.vitale-landküche.de

© Ideen, Gestaltung, Fotografie:
Michaela Barthel
Helmut Barthel
Büro für Kommunikation
www.barthel-art.de

2. Auflage
© edition [zwischenräume] 2012

Printed in Germany

ISBN 978-3-9815286-0-2

Eine kulinarische Erkundung

von Michaela Barthel

Vitale Landküche

aus dem Fläming

edition [zwischenräume]

Das Radwegenetz im Fläming ist gut ausgebaut. Es gibt ihn aber noch, den typischen märkischen Sandweg.

Ein Plädoyer für Glück und Gesundheit
durch viel Bewegung und bewusste Ernährung

Haben Sie auch schon erlebt, dass körperliche Betätigung das Wohlbefinden steigert? Was für den Einzelnen angemessen ist, sollte jeder selbst herausfinden. Für mich gehört dazu, den täglichen Weg zur Arbeit und zurück bei fast jedem Wetter mit dem Rad zu fahren. Das macht den Kopf frei und gibt meinem sitzgestressten Körper die Möglichkeit, sich ein wenig auszuarbeiten. Rad fahren empfinde ich als anregend und erfrischend. Es entspricht meinem Lebensrhythmus — mal mehr Kraft aufwenden, oder einfach in Gedanken rollen lassen. So entstehen dann Ideen …

Beim Radeln genieße ich die schöne Landschaft. Aber kennt man eine Region, wenn man die Landschaft kennt? Ich meine: nein. Die Menschen und ihre Lebensweise gehören unbedingt dazu. Da Rad fahren Appetit macht und ich eine begeisterte Köchin bin, habe ich mich auf die Suche begeben nach dem, was im Fläming wächst und was in den Küchen brutzelt. Wer meint, die Küche des Flämings ist einfach und deftig, der hat nur zum Teil Recht. Sie ist erstaunlich vielfältig und steckt voller köstlicher Spezialitäten und Traditionen!

Gern kehre ich unterwegs in die Hofläden der Bauern ein. Hier erfährt man, wie angebaut, gedüngt und geerntet wird. Man kann probieren und einkaufen. Dass das Gemüse hier nicht so ebenmäßig ist wie im Supermarkt, das ist für mich kein Problem. Im Gegenteil: Jedes Stück ist ein Unikat. Krumme Gurken, verdrehte Rübchen, Tomaten mit Nasen, Zwillings-Pflaumen schmecken genauso gut oder besser als ihre eurogenormten Geschwister. Die Früchte so nehmen, wie sie wachsen, das finde ich wunderbar und freue mich über diese Entdeckungen.

Tipps zur Verarbeitung oder ein paar Rezepte und frische Tour-Verpflegung bekommt man auch mit auf den Weg. Ein Schälchen Knupperkirschen passt in meine Fahrradtasche und bringt frische Energie! Die saftigen, prallen Kirschen sind ein Feuerwerk für Genießer — vom süßen Saft bis zum lustvollen Ausspucken des Kerns.

Bis ein Samenkorn auf märkischem Sand gute Erträge bringt, braucht es viel Arbeit. Mit dieser täglichen Erfahrung waren Lebensmittel noch vor wenigen Jahrzehnten wertvoller als heute. Noch genießbare Lebensmittel wegzuwerfen war undenkbar.

Mit der Verfügbarkeit von frischen Früchten zu jeder Jahreszeit und dem Angebot an Fertig- und Halbfertiggerichten ist der Bezug zum natürlichen Vegetationsrhythmus zunehmend verloren gegangen. Synthetische Nahrungszusätze, wie Geschmacksverstärker, Farbstoffe und Konservierungsmittel, veränderten nicht nur unsere Geschmackserfahrungen, sondern auch den physiologischen Wert der Lebensmittel.

Die Erfahrung, dass nur frische, ursprüngliche Zutaten in der Ernährung der Schlüssel zu guter Gesundheit sind, habe ich am eigenen Körper gemacht. Sie hat mein Leben in glücklicher Weise verändert. Eine schwere Darmkrankheit hat sieben Jahre mein Leben eingeschränkt. Aus heutiger Sicht empfinde ich die Hilflosigkeit der Mediziner, mir allein mit Medikamenten in steigenden Dosierungen helfen zu wollen, als traurig. Ich habe viele traditionelle und alternative Versuche hinter mir, um meine Gesundheit wieder zu erlangen. Alles blieb erfolglos. – Bis eines Tages eine Freundin mit einer Getreidemühle und einem Buch über vitalstoffreiche Vollwertkost vor meiner Tür stand. Sehr zögerlich bin ich so meine ersten Schritte auf dem Weg zur Vollwertköstlerin gegangen.

Ein tägliches Frischkorngericht aus gemahlenem Getreide, mit Sahne und Obst – locker, süß und saftig – war meine erste Erfahrung. Davon war auch ziemlich schnell die ganze Familie begeistert. Das Beste aber war: Es bekam mir gut!

Eine frische und eine gekochte Gemüsemahlzeit am Tag folgten als nächstes. Meine Kreativität war gefordert, und meine Küche wurde zu einem Experimentier-Studio. Was passt zusammen, und wie schaffe ich es, dass alles zum gleichen Zeitpunkt auf den Punkt gar, aber bissfest ist?

Die wichtigsten Umstellungen in meiner Ernährung waren der völlige Verzicht auf Fabrikzucker und Auszugsmehle.

Das Süßen mit Honig ist relativ einfach, aber das Arbeiten mit vollwertigen Mehlen bedarf viel Erfahrung und noch mehr Übung. Besonders, als ich begann, auch das Brot selbst zu backen.

Basics in meiner Küche sind Getreide und Vollkornmehle, ein Sortiment schmackhafter Pflanzenöle, frische Kräuter, Obst und Gemüse. Die Öle sollten kalt gepresst sein, damit sie reich an ungesättigten und mehrfach ungesättigten Fettsäuren sind.

Das benötigte Wissen habe ich aus Büchern von Dr. Max Otto Bruker und einem Lehrgang für Gesundheitsberater. So konnte ich die Zusammenhänge der Wirkung vollwertiger Lebensmittel auf den Körper besser verstehen. Die Vitalstoffe der Lebensmittel weitgehend zu erhalten heißt, sie so wenig wie möglich zu bearbeiten. Dass dieser Weg richtig war, spürte ich sehr schnell. Im Laufe eines Jahres habe ich alle Medikamente absetzen können. Das war vor 12 Jahren.

Die persönliche Erfahrung, dass man mit der richtigen Ernährung und viel Bewegung die eigene Gesundheit selbst in der Hand hat, gab mir auch das Selbstbewusstsein, dieses Buch zu schreiben. Es bedarf nicht erst einer Krankheit, um sich gesund zu ernähren. Man ist, was man isst – diese Erkenntnis möchte ich gern weitergeben. Kochen bedeutet heute für mich, sich Zeit zu nehmen und die Langsamkeit zu entdecken. Es macht glücklich und trainiert die Sinne – riechen, hören, fühlen, schmecken – ein herrlicher Ausgleich zum Alltag am Computer.

Beim Kochen lasse ich mich gern anregen und probiere Neues, ich liebe aber auch das Beständige, die traditionelle Küche meiner Kindheit. Gern stöbere ich in alten Rezepten und suche nach Bewahrenswertem, verändere, verfeinere.

Da ich fast täglich koche, favorisiere ich vor allem einfache Gerichte – eine gute, schnörkellose Küche. Ich finde, der Aufwand beim Kochen sollte zum Essen in einem gesunden Verhältnis stehen. So wenig wie nötig und so einfach wie möglich. Zu einer guten Mahlzeit gehört unbedingt eine entspannte Vorbereitung! Und die macht am meisten Spaß, wenn Familie oder Freunde mit von der Partie sind!

Probieren Sie es selbst, und teilen Sie mir Ihre Erfahrungen auf meinem Blog mit.

www.vitale-landküche.de

Fläming-Frühlingfest in Coswig (Anhalt)

Fläming-Frühlingsküche

Frühlingsfladen
mit Schinken, Salat, Radieschen und Sprossen

1) Aus Mehl, Eiern, Milch und Salz einen dickflüssigen Teig herstellen. Anschließend den fein geschnittenen Schnittlauch dazu geben.

2) Die Radieschen putzen, waschen und in dünne Scheiben schneiden. Den Salat und die Sprossen mit kaltem Wasser abspülen und trocken schütteln.

3) Crème fraîche in eine Schale geben und den ausgedrückten Knoblauch untermischen. Mit Salz und Pfeffer würzen. Mit einem Spritzer Zitronensaft abschmecken.

4) Aus dem Teig in einer leicht geölten Pfanne sehr dünne Fladen ausbacken. Die fertigen Fladen dünn mit Crème fraîche bestreichen.
Den Salat, Schinken, Radieschen und die Sprossen darauf verteilen. Nun alles vorsichtig zusammenrollen und warm servieren.

Zutaten

für den Teig
50 g Weizen, gemahlen
50 g Dinkel, gemahlen
5 Eier
200 ml Milch
Salz
2 Bund Schnittlauch
Sonnenblumenöl zum Backen

200 g Crème fraîche
2 Knoblauchzehen
Salz und Pfeffer
Zitronensaft

für die Füllung
1 feiner, kleinblättriger
Frühlingssalat z.B. Kopf- oder
Pflücksalat, Lollo Rosso,
Lollo Bionda …
2 Bund Radieschen
100 g sehr dünn
geschnittener Schinken
gekeimte Sprossen,
Kresse oder Bärlauch

Wer einen heißen Stein oder eine Racletteplatte besitzt, kann diese nutzen. Darauf lassen sich die Fladen sehr einfach ausbacken. Das frische Gemüse richte ich gern als Büfett an, so kann sich jeder seinen eigenen Frühlingsfladen zusammenstellen.

Schnittlauchkuchen
mit Ziegenkäse

Zutaten

für den Hefeteig
200 g Weizen, gemahlen
½ TL Salz
1 Ei
100 ml lauwarme Milch
1 TL Honig
20 g Hefe
1 EL Butter

für den Guss
400 ml saure Sahne
200 ml Schlagsahne
2 Eier
Salz und Pfeffer
Muskat
1 Bund Schnittlauch
200 g Ziegenkäserolle

Butter für die Form

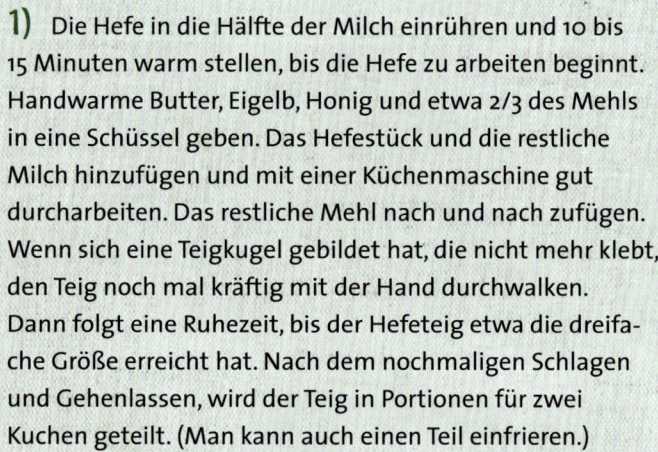

1) Die Hefe in die Hälfte der Milch einrühren und 10 bis 15 Minuten warm stellen, bis die Hefe zu arbeiten beginnt. Handwarme Butter, Eigelb, Honig und etwa 2/3 des Mehls in eine Schüssel geben. Das Hefestück und die restliche Milch hinzufügen und mit einer Küchenmaschine gut durcharbeiten. Das restliche Mehl nach und nach zufügen. Wenn sich eine Teigkugel gebildet hat, die nicht mehr klebt, den Teig noch mal kräftig mit der Hand durchwalken. Dann folgt eine Ruhezeit, bis der Hefeteig etwa die dreifache Größe erreicht hat. Nach dem nochmaligen Schlagen und Gehenlassen, wird der Teig in Portionen für zwei Kuchen geteilt. (Man kann auch einen Teil einfrieren.)

2) Den Teig schön rund ausrollen und in eine gebutterte Quiche- oder Springform geben. Den Rand gleichmäßig etwas nach oben zupfen. Nochmals 10 Min. ruhen lassen. Den Boden mehrfach mit der Gabel einstechen.

3) Sahne und Eier zu einem Guss verquirlen. Mit Pfeffer, Salz und frisch geriebener Muskatnuss würzen. Den Schnittlauch waschen und trocken schütteln. In kleine Röllchen schneiden und etwa die Hälfte unterheben. Den Guss auf den vorbereiteten Boden gießen. Den Ziegenkäse in 5 mm dicke Scheiben schneiden und 12 Scheiben im Kreis auf dem Guss verteilen.

4) Im vorgeheizten Backofen bei 200 Grad etwa 30 Min. backen. Aus dem Ofen nehmen, mit dem restlichen Schnittlauch bestreuen und warm servieren.

Statt mit Ziegenkäse schmeckt der Kuchen auch mit Ziegenfrischkäse, Büffelmozzarella oder Schafskäse. Die zarten Schnittlauchblüten sind essbar.

Hühnersuppe mit Eierstich

1) Das Suppenhuhn gründlich kalt waschen und in einen großen Topf mit reichlich kaltem Wasser geben.
Dazu 3 EL Suppengrün (siehe Seite 173) und die Gewürze geben und kochen, bis sich die Schenkel leicht ablösen lassen. Heben Sie das Huhn aus der Brühe, und lösen Sie das Fleisch von den Knochen. Das Fleisch in kleine Würfel schneiden. Die Brühe durch ein Sieb in einen anderen Topf gießen.

2) Das Suppengrün abspülen, Möhren und Sellerie mit der Gemüsebürste gründlich reinigen und schälen, (die Schalen zur Seite legen, siehe Seite 173) die Möhren bleiben ganz, den Sellerie in lange Stücke schneiden (2 bis 3 cm breit), in den Topf mit der Brühe geben und 15 Min. köcheln. Den Porree längs halbieren, vierteln und in kleine Stücke schneiden, die Petersilie klein hacken, beides bereitstellen.

3) Nach 15 Min. die Möhren und den Sellerie aus der Brühe nehmen und mit dem Wellenmesser in Scheiben schneiden. Alles zusammen mit dem Fleisch und dem Porree in die Brühe geben. Mit Salz und Pfeffer abschmecken und nochmals für 2 Min. aufkochen.

4) Dazu Eierstich reichen und frische gehackte Petersilie.

Eierstich:
Die Zutaten verquirlen. Eine ausreichend große Porzellanschale mit Butter auspinseln und die Eiermasse einfüllen.
In einen Kochtopf Wasser füllen und die Schale in das Wasserbad stellen (das Wasserbad reicht etwa bis zur Hälfte der Schale). Den Topf abdecken, das Wasser erhitzen, aber nicht kochen lassen. Sollte der Eierstich beim Erhitzen anfangen, Blasen zu werfen, die Temperatur reduzieren, damit er eine gleichmäßig feine Porung erhält.
Nach etwa 15 Min. ist er fertig. Mit einem Messer in mundgerechte Stücke teilen und auf die Suppenteller geben.

Zutaten
1 Suppenhuhn
2 Bund Suppengrün
(Möhre, Sellerie, Porree und Petersilie)
1 Lorbeerblatt,
2 Wacholderbeeren
1 Zwiebel
Salz und Pfeffer

für den Eierstich
2 Eier
2 Eigelb
3 EL Milch
Salz
Muskat
etwas Butter für die Form

Dazu gibt es Reis oder Bandnudeln.

Wenn beim Kochen zu viel Brühe im Topf ist, dann nehme ich ein Schraubglas und fülle die heiße Brühe hinein. Gut verschließen und nach dem Abkühlen im Kühlschrank aufbewahren – als Fond für eine Gemüsesuppe.

Alte märkische Allee zwischen Görzke und Bad Belzig zum Gut Schmerwitz.

Klein Briesen 26 km
Springbachmühle 6,4 km

12 | 11 | TK5-7 | TK 2

Raben / Burg Rabenstein 25,3 km
Kranepuhl 9,6 km

Bahnhof Bad Belzig 1,1 km
Altstadt Bad Belzig 0,5 km

TK 2 | TK5-7 | 11 | 12

Giersch-Topfbrote
mit Kernen und Nüssen

1) Sie benötigen fünf saubere Ton-Blumentöpfe, gern auch in verschiedenen Formen. Diese sollten, ähnlich wie ein Römertopf, eine halbe Stunde im Wasserbad liegen.

2) Den Hefeteig, wie auf Seite 14 beschrieben, zubereiten.

3) Den Giersch klein hacken und einarbeiten. Den Teig mit Sonnenblumenkernen, Nüssen, Sesam oder Leinsamen nach Wunsch verfeinern.

4) Die Töpfe innen mit Butter einreiben und mit Bröseln ausstreuen. Den Teig zu Kugeln formen und hineindrücken. Der Teig sollte nicht über den Rand hinaus gucken! Wasser darauf sprühen, in den vorgewärmten Ofen stellen und nochmals 30 Min. ruhen lassen.

5) Die Topfbrote 15 Min. bei 200 Grad backen, dann die Hitze auf 170 Grad reduzieren und weitere 30 Min. backen. Die Brote abkühlen lassen und vorsichtig aus den Töpfen lösen, weitere 15 Min. nachbacken, damit der äußere Rand etwas kross wird. Wenn man auf die Rückseite klopft und es hohl klingt, dann sind die Brote fertig.
Dazu frische, kalte Butter und einen bunten Teller Gemüse aus dem Garten reichen.

Zutaten

für den Hefeteig
500 g Weizen, gemahlen
1 TL Salz
1 Ei
200 ml lauwarme Milch
1 TL Honig
1 Würfel Hefe
20 g Butter

2 Hände voll Giersch
150 g Sonnenblumenkerne,
Nüsse, Leinsamen oder Sesam
etwas Butter für die Töpfe

Ich finde es faszinierend, dass ich raus gehen kann in die Natur, um etwas zu pflücken und zu nutzen, was einfach dasteht und wächst. Giersch, Brennnessel, Vogelmiere oder Schafgarbe, kann ich ernten und ihnen dankbar einen Platz im Garten lassen.

Frühlingssalat
mit Eiern in Schnittlauchsoße

Zutaten
frischer Blattsalat
in verschiedenen Sorten
1 Bund junger Löwenzahn
1 Bund Brunnenkresse
1 Hand voll Kerbel
1 Hand voll Gänseblümchen
duftende Märzveilchen
1 Mairübchen
1 Bund Radieschen
2 Möhren

2 Scheiben Roggenbrot
mit Nüssen
2 EL Butter
100 g Walnüsse

für die Eier
1 TL Senf
2 TL flüssiger Honig
2 TL Weinessig
2 EL Wasser
6 EL Walnussöl
200 ml Crème fraîche
1 Bund Schnittlauch
Salz und Pfeffer
4 Eier

1)   Die Salate verlesen, verputzen, vorsichtig waschen und trocken schleudern. Die Blüten abspülen, nur leicht abtupfen und alles zur Seite stellen.

2)   Die Kräuter abspülen und fein hacken. Mairübchen und Radieschen säubern und in dünne Scheiben schneiden. Alles zum Salat geben und vermengen.

3)   Die Brotscheiben in Würfel schneiden und in der Butter knusprig rösten, etwas abkühlen lassen, zum Salat geben und untermischen. Die Walnüsse darüber streuen und alles mit den Blüten garnieren.

Eier mit Soße: Senf, Honig, Essig und Wasser verrühren, das Öl kräftig unterschlagen, mit Salz und Pfeffer würzen. Mit Crème fraîche und dem fein gehackten Schnittlauch verrühren und in eine Schale geben.
Die Eier kochen, halbieren, in die Soße legen und zum Salat reichen.

Diesen Salat kann man variieren. Sauerampfer oder etwas Hirtentäschelkraut eignen sich genauso wie knackige Frühlingssprossen, Rettich oder junge Schoten.

Buttermilchplinsen
mit Bärlauch und Stippe

1) In einer Rührschüssel, die Hefe in der erwärmten Buttermilch auflösen. Die Eier trennen, das Eiweiß steif schlagen und kalt stellen und das Eigelb mit der Buttermilch verrühren. Das Mehl dazugeben, gut rühren und alles eine Stunde an einem warmen Ort gehen lassen.

2) In der Zwischenzeit: Die Zwiebeln schälen, fein hacken und den Speck in kleine Würfel schneiden.
Zuerst den fetten Speck, dann den durchwachsenen Speck in einer Pfanne knusprig anbraten. Die Zwiebeln dazugeben und leicht braun rösten. Den Schmand und die Sahne dazugeben und kurz aufkochen. Bei Bedarf etwas Brühe unterrühren, bis die Konsistenz angenehm ist. Mit Salz, Pfeffer und etwas Zitronensaft abschmecken.
Serviert wird sie, überstreut, mit Schnittlauch.

3) Den Bärlauch fein hacken und in den fertigen Plinsenteig geben, etwas salzen, dann den Eischnee unterheben. Butterschmalz in einer Pfanne erhitzen und die Plinsen von beiden Seiten knusprig backen.

Zutaten

für die Plinsen
500 ml Buttermilch
20 g Hefe
3 EL Honig
4 Eier
250 g Mehl
1 Prise Salz
1 Bund Bärlauch

für die Stippe
500 g Zwiebeln
200 g Schmand
100 g Sahne
100 g fetter Speck
etwas Gemüsebrühe
150 g durchwachsener Speck
½ Zitrone
Salz und Pfeffer
frischer Schnittlauch
Butterschmalz zum Braten

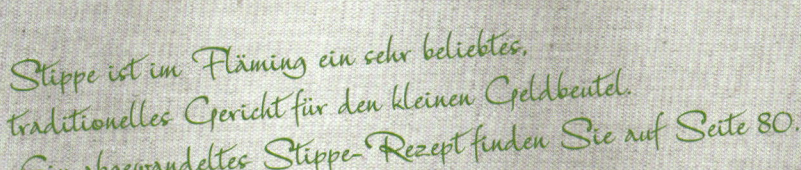

Stippe ist im Fläming ein sehr beliebtes, traditionelles Gericht für den kleinen Geldbeutel. Ein abgewandeltes Stippe-Rezept finden Sie auf Seite 80.

Hühnerfrikassee mit Butterreis

Zutaten

1 Hähnchen, etwa 1000 g
3 EL Suppengrün
(siehe Seite 173)
Lorbeer, Piment

2 große Möhren
50 g Erbsen
2 Stangen Spargel

50 g Butter
100 g Champignons
5 EL Mehl
¼ Liter Weißwein
½ Geflügelbrühe
1 Glas Kapern
Pfeffer
1 Zitrone
50 ml Sahne
2 Eigelb

1) Das gesäuberte Hähnchen mit Lorbeer, Piment und 3 EL Suppengrün (Seite 173) kochen. Wenn sich das Fleisch gut vom Knochen lösen lässt, heben Sie das Hähnchen aus der Brühe. Das Fleisch sorgfältig ablösen und in mundgerechte Stücke schneiden.

2) Die Brühe, durch ein Sieb, in einen Topf füllen. Darin die ganzen Möhren, Erbsen und Spargelstücke (4 cm) 5 bis 10 Min. kochen. Die Möhren wieder herausnehmen und mit einem Wellenmesser in Scheiben schneiden.

3) In einem anderen Topf für das Frikassee die Butter zerlassen. Champignons in Scheiben schneiden und etwas darin anbraten, das Mehl zugeben und anschwitzen. Mit Weißwein ablöschen und die Geflügelbrühe auffüllen, bis die gewünschte Soßenmenge erreicht ist. Mit Kapern, Pfeffer und Zitronensaft kräftig abschmecken.
Das Frikassee vom Herd nehmen, Sahne und Eigelb verquirlen und unterrühren. Das Fleisch und das Gemüse in die Soße geben. Dazu serviere ich Vollkornreis mit etwas frischer Petersilie.

Frikassee ist ein traditionelles
Festessen im Fläming!
Gern werden auch kleine
Hackbällchen hinein gegeben.
Probieren Sie es einfach aus!
Wer die Kapern nicht mag, kann
alternativ Löwenzahnknospen oder
die Samen der Kapuzinerkresse
in Essig oder Öl einlegen.

Der Kunstwanderweg im Hohen Fläming birgt so manche Überraschung. So auch die »Fünf Kuben«.

Ostern ist Töpfermarkt im Töpferdorf Görzke. Etwa 70 Töpfer aus ganz Deutschland bieten ihre Waren an.

Lammrücken
mit Röstgemüse

1) Die Silberhaut vom Fleisch lösen, die Lammlachse kalt abspülen und trocken tupfen. Mit Knoblauch, Pfeffer und fein gehacktem Rosmarin kräftig einreiben.
Die Kartoffeln abspülen und bürsten, die Möhren schälen und halbieren, den Fenchel waschen und vierteln. Die Schoten abknipsen, den Knoblauch pellen, aber ganz lassen.

2) Etwas Öl in einer großen Pfanne erhitzen. Das Lamm rundherum kräftig anbraten (10–15 Min.), bis es außen goldbraun und innen noch rosa ist. Dabei den Sherry zugeben. In Alufolie einschlagen, warmstellen und ruhen lassen.

3) Das Gemüse mit etwas Öl in eine ofenfeste Pfanne geben und 20 Min. bei 175 Grad, im Ofen backen. Mit Gemüsebrühe ablöschen und noch 5 Min. im heißen Ofen ziehen lassen.

4) Das Fleisch und das Gemüse in einer Schale anrichten. Den Bratenfond durch ein Sieb gießen, eiskalte Butter unterrühren und die Soße zum Fleisch reichen. Ein knackiger Blattsalat mit Knoblauchvinaigrette ist dazu eine gute Vorspeise.

Knoblauchvinaigrette:
In ein Schraubglas: 50 ml Wasser, 2 EL Balsamico hell, 3 EL Olivenöl, 1 TL Senf, Salz, Pfeffer, 1 TL Honig, 1 Knoblauchzehe, fein gehackt und fein geschnittenen Schnittlauch füllen und kräftig schütteln.

Zutaten

4 Lammrücken, ohne Knochen
Salz und Pfeffer
2 Knoblauchzehen
1 kleiner Zweig Rosmarin
3 EL Olivenöl
250 ml Gemüsebrühe

500 g kleine Kartoffeln
2 Möhren
eine Handvoll Schoten
1 Fenchel
2 Knoblauchzehen
1 Glas Sherry

1 EL eisgekühlte
Butter für die Soße

Das Gemüse lässt sich variieren: Bohnen, Pastinaken, Tomaten, Schalotten oder Lauch eignen sich ebenfalls gut als Röstgemüse.

Spinattorte
mit Büffelmozzarella

Zutaten

für den Teig
200 g Weizen, gemahlen
80 g Butter
50 ml Wasser
1 Ei

für die Füllung
600 g Spinat
1 Bund glatte Petersilie
2 Schalotten
1 Knoblauchzehe
1 Büffelmozzarella
60 g magerer Speck
1 EL Butter
1 Ei
Salz und Pfeffer

6 dünne Scheiben
Parmaschinken
1 Eigelb und etwas Milch

1) Das Mehl mit Butter, Wasser, Ei und Salz zu einem Teig verkneten. Den Teig in Folie 30 Min. im Kühlschrank ruhen lassen.

2) Den Spinat putzen, waschen und trocken schleudern. Die großen Blätter zerkleinern. Die abgespülte Petersilie, die Schalotten und den Knoblauch fein hacken. Den Mozzarella in dünne Scheiben schneiden und den Speck würfeln.

3) Butter und Speck in einer Pfanne erhitzen. Fein gehackte Schalotten, Knoblauch und die Spinatstiele 2 bis 3 Min. anschwitzen. Die grünen Blätter dazugeben und 8 Min. mit dünsten. Mit Salz und Pfeffer würzen, Petersilie, und das kräftig durchgeschlagene Ei unter die abgekühlte Masse untermischen.

4) Ein Viertel des Teiges beiseite legen. Den übrigen Teig dünn ausrollen und in die gebutterte Backform legen, dabei am Rand etwas hochziehen. Den Teigboden mit einer Gabel mehrfach einstechen. Die Gemüsemasse einfüllen. Den Parmaschinken und die Mozzarellascheiben darauf verteilen.
Den restlichen Teig rund und dünn ausrollen und die Torte damit abdecken. Das Eigelb mit der Milch verquirlen und den Teigdeckel damit bestreichen.
Die Torte bei 180 Grad 30 Min. backen, bis die Decke goldbraun ist.

Geschmacksvariationen bieten Mangold, Bärlauch, Gartenmelde, Sauerampfer oder Weiße Taubnessel – diese kann im Frühjahr als ganze Pflanze verwendet werden. Damit es knackig wird, gekeimte Linsen zur die Füllung geben.

Hering in Sahnesoße
mit Spreewaldgurken

1) Die Heringsfilets säubern. Die roten Äpfel in kleine Stifte, die Gewürzgurken in dünne Scheiben und die Zwiebeln in Ringe schneiden.

2) Das Gewürzgurkenwasser mit Lorbeerblatt, Pfeffer, Pimentkörnern und Senfkörnern aufkochen und abkühlen lassen. Schmand, Sahne und Gurkenwasser anschließend zu einer cremigen Marinade verrühren.
Äpfel, Gurken, Zwiebeln und die Heringe in eine Form schichten und mit der Marinade übergießen.
Alles abgedeckt einen Tag ziehen lassen.

3) Dazu gibt es mehlig kochende Pellkartoffeln. Vorher empfehle ich einen frischen, grünen Salat zu servieren.

Zutaten
8 frische Matjes-Heringsfilets
2 rote, süße Äpfel, z. B.
Jonagold, Gala oder Braeburn
2 Zwiebeln
4 Spreewälder Gewürzgurken

etwas Gurkenbrühe
Senf-, Pfeffer- und
Pimentkörner
1 Lorbeerblatt
300 g Schmand
100 ml Schlagsahne

Die glasierte Keramik stammt aus dem Töpferdorf Görzke. Sie lässt sich übrigens auch wunderbar zum Überbacken verwenden.

Für einen Heringsalat benötigt man fast dieselben Zutaten – diese werden aber in feinere Würfel geschnitten und mit weniger Marinade und reichlich frischen Dillspitzen vermengt.

Rund um Beelitz befindet sich das größte Spargelanbaugebiet Brandenburgs. Hier feiert man auch das Spargelfest.

Neben Spargel kann man in der Region auch Erdbeeren und Kulturheidelbeeren selbst ernten.

Märkischer Spargel
im Schinken-Pfannkuchen-Mantel

1) Alle Zutaten für den Teig verrühren. Den Teig anschließend 30 Min. ruhen lassen. Den Schinkenspeck in dünne Streifen schneiden.

2) Den Spargel schälen. In Salzwasser, mit etwas Butter, 4 Min. köcheln und dann ziehen lassen.

3) Das Butterschmalz in einer großen Pfanne erhitzen. Mit einer Suppenkelle den Teig in die Pfanne geben, sodass der Boden bedeckt ist. Die Schinkenwürfel darüber streuen. Die Pfannkuchen so lange backen, bis sie sich vom Boden der Pfanne lösen. Anschließend wenden und von der anderen Seite goldbraun backen. Wichtig ist eine gleichmäßige, milde Hitze. Den fertigen Pfannkuchen aus der Pfanne auf einen Teller gleiten lassen und warm stellen. Weitere 3 Pfannkuchen ausbacken.

4) Für die grüne Kräutersoße: Das Eigelb mit dem Walnussöl verschlagen. Den Senf unterrühren. Mit Salz und etwas Zitronensaft abschmecken. Die Kräuter säubern, sehr fein hacken und untermischen. Alles mit der geschlagenen Sahne verrühren.

5) Je 2 der Spargelstangen auf einen Pfannkuchen legen und einrollen. Serviert wird mit der grünen Kräutersoße und frischem Pfeffer. Mit kleinen Duftveilchen dekorieren.

Zutaten

für den Teig
75 g Weizen, gemahlen
5 Eier
200 g Schinkenspeck
3 EL weiche Butter
125 ml Milch
Salz
Butterschmalz für die Pfanne

8 Stangen dicker Spargel

für die grüne Kräutersoße
2 Eigelb
3 EL Walnussöl
1 TL Senf
1 TL Zitronensaft
4 EL Schlagsahne
1 Handbund frische Kräuter
aus: Brunnenkresse, Kerbel
und Giersch
Pfeffer

duftende Frühlingsveilchen

Dazu passt ein gut gekühlter, trockener Weißwein vom Werderaner Wachtelberg oder aus dem Schliebener Land. Spargel schmeckt nur gut, wenn er so frisch ist, dass die Stangen quietschen, wenn man sie aneinander reibt. Und so frischen Spargel gibt es nur in der Saison. Am besten kauft man ihn direkt auf den Spargelhöfen oder auf den Marktständen der Bauern.

Frühlingssuppe
mit grünem Spargel und Erbsen

Zutaten

8 Frühlingszwiebeln
Rapsöl zum Braten
500 g junge Erbsen
500 g grüner Spargel
500 g Gemüsebrühe oder
Hühnerbrühe
Salz und Pfeffer

200 ml Schlagsahne

Zitronenmelisse oder
Pfefferminze
Gänseblümchen, Veilchen
oder eine Taglilienblüte...

1) Das Gemüse waschen. Die Frühlingszwiebeln klein schneiden, den grünen Spargel nur unten schälen und in 4 cm lange Stücke schneiden.
Die Spargelspitzen zur Seite legen.

2) Die Frühlingszwiebeln in Rapsöl kurz anschwitzen, etwa 2/3 der Erbsen und die Spargelstücke dazugeben, jetzt mit der Brühe auffüllen. Alles etwa 10 Min. leise köcheln lassen, dann pürieren.
Mit Salz und kräftig mit Pfeffer abschmecken.

3) Den Topf vom Herd nehmen und die Sahne unterrühren. Die restlichen Erbsen und die Spargelspitzen in die Suppe geben. Wenn die Suppe sofort serviert wird, lasse ich diese nicht noch einmal aufkochen.
Mit frischen Frühlingsblüten garnieren und mit knusprigem, angeröstetem Brot servieren.

Variationen:
Statt den Erbsen kann man zum Beispiel auch Spinat oder Mangold in die Suppe geben und pürieren.
Sie wird dann auch noch etwas grüner!

Lauwarmer Spargelsalat
mit Parmesan und Basilikum

1) Den weißen Spargel ganz, den grünen Spargel nur am unteren Drittel mit einem Sparschäler dünn schälen. Die Spargelenden mit einem Messer abschneiden und den Spargel schräg in etwa 3 Zentimeter lange Stücke schneiden. Das Basilikum abspülen, die Blätter von den Stängeln zupfen.

2) Die Schalotten abziehen, fein schneiden und in heißem Öl in einer Pfanne andünsten. Spargelstücke, bis auf die Köpfe, kurz mitdünsten. Spargelköpfe sind besonders zart und schneller gar. Den Gemüsefond dazugießen und alles etwa 3 Min. köcheln lassen. Die Spargelköpfe dazugeben und kurz aufkochen.

3) Die Spargelstückchen aus der Pfanne nehmen und anrichten. Die Spargelsoße etwas reduzieren. Die Zitrone auspressen, Zitronensaft, Öl, Honig, Salz und Pfeffer zu den Schalotten in die verbliebene Spargelsoße geben, gut umrühren und über den warmen Spargel verteilen. Solange der Spargel noch warm ist, nimmt er das Aroma der Soße besonders gut an. Die Kirschtomaten kleinschneiden und mit dem Basilikum und frisch gehobeltem Parmesan über den Salat geben.

Zutaten
700 g weißer Spargel
3 Schalotten
Sonnenblumenöl
für die Pfanne
150 ml Gemüsefond

½ Zitrone
2 EL Olivenöl
1 TL Honig
Salz
Pfeffer, frisch gemahlen

1 Hand voll Kirschtomaten
3 Stängel Basilikum
30 g Parmesan

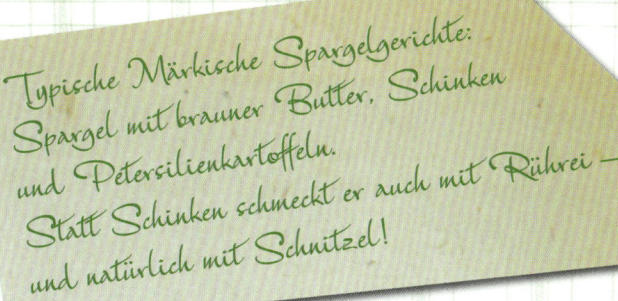

Typische Märkische Spargelgerichte: Spargel mit brauner Butter, Schinken und Petersilienkartoffeln. Statt Schinken schmeckt er auch mit Rührei – und natürlich mit Schnitzel!

Auf der Wiese habe ich gelegen ...

Diese Blütenpracht verspricht eine reiche Kirschernte.

Rhabarbergrütze

mit frischen Erdbeeren

1) Den Rhabarber abziehen, Blätter und Stielansätze abschneiden und in 3 cm große Stücke schneiden. Dicke Stangen vorher halbieren. Die Erdbeeren abspülen, halbieren oder vierteln.

2) Den Rhabarber in Apfelsaft köcheln bis er beginnt zu zerfallen. Die Rhabarbergrütze mit Zimt, Zitronensaft und der ausgekratzten Vanilleschote würzen.
Das Mehl mit wenig kaltem Wasser glatt rühren und zügig mit der heißen Grütze vermengen.

3) Erdbeeren in Portionsschälchen füllen und die Rhabarbergrütze darauf verteilen. Die Schälchen im Ofen etwa 5 bis 10 Min. backen.
Abkühlen lassen und mit Schlagsahne, gehackten Pistazien und frischen Erdbeeren servieren.

Zutaten

400 g Rhabarber
400 g Erdbeeren
½ Liter Apfelsaft
1 Vanilleschote
1 TL Zitronensaft
¼ TL Zimt
3 TL Dinkel, fein vermahlen

200 ml Schlagsahne
10 g Pistazien, gehackt

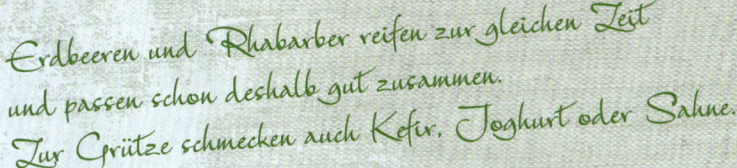

Erdbeeren und Rhabarber reifen zur gleichen Zeit und passen schon deshalb gut zusammen. Zur Grütze schmecken auch Kefir, Joghurt oder Sahne.

Holunderblütenwaffeln
mit Heidelbeeren

Zutaten
100 g Butter
2 Eier
1 Zitrone
150 ml Holunderblütensirup
1 Vanilleschote
100 ml Mineralwasser
300 g Dinkel, gemahlen

500 g Heidelbeeren
1 EL Honig

300 g Sahnequark
250 ml Schlagsahne
1 TL Honig

1) Butter und Eier cremig rühren.
Mit dem Saft der ausgepressten Zitrone, dem Holunderblütensirup, der ausgekratzten Vanilleschote, Mineralwasser und dem Mehl gut verrühren. Mit einem Waffeleisen
ausbacken.

2) Die Heidelbeeren in wenig Wasser 3 Min. simmern
lassen. Nachdem sie etwas abgekühlt sind, den Honig
unterrühren.

3) Alternativ kann man die Heidelbeeren auch frisch
servieren oder als Heidelbeer-Quarkdessert anrichten:

Quarkdessert:
Sahnequark, Schlagsahne, Honig, locker und schaumig
rühren, die frischen Heidelbeeren unterheben.
Dazu die Waffeln reichen.

*Statt des Holunderblüten-
sirups kann man auch frische
Holunderblüten verwenden.
Die Blüten fein abzupfen,
mit 1 EL Honig und 100 ml Wasser
in den Teig einstreuen und mit backen!*

Dicke Milch mit Früchten

Dicke Milch wurde früher aus sauer gewordener Rohmilch (Vorzugsmilch) hergestellt. Sie wurde auf 60 Grad erwärmt und in eine Keramik mit Löchern, zum Abtropfen oder in ein mit Leinen ausgeschlagenes Sieb gefüllt. Es gibt einzelne Bauernhöfe, die Vorzugsmilch produzieren dürfen. Alternativ kann man Dicke Milch auch so herstellen:

1) Der Quark wird mit Milch, Honig, dem Vanillemark und Salz zu einer glatten Creme verrührt und einen halben Tag bei Zimmertemperatur stehen gelassen.

2) Erdbeermark: Die Erdbeeren waschen, putzen und je nach Größe halbieren oder vierteln. Den Rotwein in einem Topf einmal aufkochen lassen und die Hälfte der Erdbeeren zugeben. Die Masse durch ein nicht zu feines Sieb in eine Schüssel streichen, den Honig einrühren und das Mark erkalten lassen.

3) Die dicke Milch auf Schalen verteilen, mit dem Erdbeermark, etwas Zimt und frischen Erdbeeren servieren.

Zutaten
500 g Magerquark
500 ml Milch
40 g Honig
½ Vanilleschote
1 TL Zitronensaft
1 kleine Prise Salz

500 g Erdbeeren
100 ml Rotwein
1 EL Honig
Statt Rotwein kann man auch Saft von schwarzen Johannisbeeren verwenden.

Ohne Alkohol: Beerenfrüchte, z. B. schwarze Johannisbeeren, pürieren, durch ein nicht zu feines Sieb streichen, einen TL Honig unterrühren – fertig.

Sommer im Fläming – Roter Mohn und weiße Margeriten laden zum Träumen ein.

Fläming-Sommerküche

Tomaten-Kaltschale
mit Hirse

1) Die Tomaten waschen, vierteln und von den grünen Stielansätzen befreien. Zwiebeln und Knoblauchzehen schälen, sehr fein hacken und in heißem Olivenöl glasig dünsten. Eine Tomate und etwas Basilikum zum Garnieren beiseite legen. Die restlichen Tomaten und die Brühe hinzufügen. Zugedeckt 25 Min. köcheln lassen und dann durch ein Lochsieb geben. Die Suppe etwas abkühlen lassen und mit gehackten Kräutern, Salz und Pfeffer würzen.

2) Die Schalotten fein hacken und in Olivenöl andünsten. Anschließend die Gemüsebrühe und die Hirse dazugeben, etwas salzen und alles zusammen 5 Min. köcheln und etwa 15 Min. quellen lassen.

3) Die Tomatensuppe auf die Teller verteilen. Die warme Hirse mit Tomatenstückchen, Kresse und Basilikum garnieren und dazu reichen.

Sehr gut passt auch ein Käseteller mit einem cremigen Camembert und etwas frischem Ziegenkäse dazu; das rundet das leichte Menü wunderbar ab.

Zutaten
1 kg vollreife Tomaten
2 Zwiebeln
2 Knoblauchzehen
3 EL kalt gepresstes Olivenöl
½ Liter Fleischbrühe
1 TL Basilikum
½ TL Majoran
etwas frische Minze
200 g Crème fraîche
Salz und Pfeffer

für die Hirse
2 Schalotten
4 EL Öl
300 g Hirse
½ Liter Gemüsebrühe
Salz
etwas Gartenkresse

Camembert oder Ziegenkäse

Als Variation zu dieser Tomatensuppe empfehle ich, Couscous, Bulgur oder Dinkel als Suppeneinlage zu probieren. Den Dinkel kann man auch vorher keimen lassen, dann sollte er aber nicht mehr gekocht werden.

Fläming-Ratatouille

Zutaten

Gemüse nach Angebot z.B.:
Auberginen
Möhren
violette (innen) Kartoffeln
Mairübchen
Zwiebeln
Zucchini
Paprikaschoten
Frühlingszwiebeln u. a.
Sonnenblumenöl

Knoblauch
¼ Liter Rotwein
Kräuter: Basilikum
Majoran, Oregano
Rosmarin, Lavendel
Salbei und Thymian
Tomaten

250 g Schafskäse
Salz und Pfeffer

1) Das Gemüse waschen, säubern und nur, wenn notwendig, schälen. Alles in nicht zu kleine Stücke schneiden. Zum Schmoren des Gemüses eine möglichst große Pfanne oder einen Wok verwenden. Das ermöglicht ein gleichmäßiges Garen. Zuerst die Auberginen braten, beiseite stellen und abgedeckt warmhalten. Nun die festeren Gemüsesorten, wie z.B. Möhren, anschmoren. Dann nach und nach das restliche Gemüse dazugeben. Die Garzeit sollte so gewählt werden, dass der Hauptteil des Gemüses bissfest bleibt.

2) Das Gemüse aus der Pfanne nehmen und mit den Auberginen warm stellen. Den abgesetzten Schmorfond mit Rotwein ablöschen. Den Knoblauch und die fein gehackten Kräuter dazugeben, die Tomaten in Stücke schneiden und unterheben. Alles 5 Min. köcheln lassen.

3) Den Schafskäse in dünne Streifen schneiden und klein brocken. Die Ratatouille auf die Teller verteilen, etwas von der Soße dazugeben und mit Käse überstreuen. Salzen ist nicht notwendig, da der Schafskäse in Salzlake konserviert wurde. Mit frisch gemahlenem Pfeffer würzen.

Ratatouille ist ein regionales Gericht aus dem Süden Frankreichs. Traditionell besteht es aus Auberginen, Zwiebeln, Zucchini, Tomaten, Paprikaschoten und Knoblauch. Ich habe es durch heimische Gemüse, wie z. B. Rübchen und Sellerie, ergänzt – und das ist richtig gut angekommen!

Schmorgurken
mit Pellkartoffeln

1) Die Gurken längs halbieren, vierteln und in Stücke schneiden. Den Speck in kleine Würfel schneiden, die Zwiebeln ebenfalls fein schneiden.
Den Speck kross anbraten, erst die Zwiebeln, dann die Gurken dazugeben und etwa 10 Min. schmoren.

2) Das Butterschmalz dazugeben, dann das Dinkelmehl darüber streuen und etwas bräunen. Die kalte Gemüsebrühe auffüllen (bis die Konsistenz angenehm ist) und alles glatt rühren. Mit Essig, Salz und reichlich frischem Pfeffer abschmecken. Den Schmand löffelweise unterrühren.

3) Den Dill ganz fein hacken und in die Soße geben. Serviert wird mit heißen neuen Kartoffeln.

Tipp: Wenn man etwas mehr Brühe dazu gibt, kann man das Ganze auch als Suppe, mit gerösteten Brotwürfeln, genießen.

Zutaten
100 g durchwachsener Speck
2 Schalotten
4 Schmor- oder
reife Freilandgurken (20 cm)

6 EL Dinkel, gemahlen
1 EL Butterschmalz
etwa ½ Liter Gemüsebrühe
oder Hühnerbrühe
2 EL Essig
300 ml Schmand
Salz und Pfeffer

1 Bund frischer Dill

Im Sommer schmecken die Schmorgurken auch kalt. Ich lasse dann auch den Speck weg – hobele die Gurken in feine Scheiben und nehme statt Schmand Dickmilch oder Naturjoghurt (mindestens 3,5 % Fett). Es können zur Erfrischung auch ein paar Eiswürfel und ein Spritzer Zitrone dazugegeben werden. Eine Freundin streut noch frische, klein geschnittene Tomaten über die Schmorgurken.

Der Sundermann-Park in Blankensee ist einer von vielen sehenswerten Schlossparks der Region.

Burgen, Klöster und Kirchen lassen auch die weit zurückliegende Geschichte der Region lebendig werden.

Mit Geduld und etwas Geschick ist der Erfolg garantiert. Eine Alternative ist der Fischerhof . . .

Flämingforelle
mit Spinat und Kartoffeln

1) Forellen unter fließendem Wasser säubern, trocken tupfen, mit Zitrone beträufeln und 15 Min. ruhen lassen.

2) Dann die Forellen innen und außen salzen, in den Bauch die Pfefferkörner geben. In Mehl wenden (gut abschütteln) und in Butterschmalz auf beiden Seiten je 10 Min. goldbraun braten. Wenn sich die Rückenflosse leicht herausziehen lässt, ist die Forelle gar. Auf einer vorgewärmten Platte anrichten und mit Zitrone und den Kräutern garnieren.

3) Den Spinat gut waschen und lange Stiele abschneiden. Den Speck in kleine Würfel schneiden und anbraten. Den Spinat dazugeben und etwas mitschmoren. Die Brühe auffüllen und mit geschlossenem Deckel dünsten, bis der Spinat völlig zusammenfällt. Mit Muskat, Salz und Pfeffer würzen. Dazu gibt es Salzkartoffeln.

Zutaten
4 frische Forellen
3 EL Zitronensaft
1 TL Pfefferkörner
40 g Mehl
80 g Butterschmalz
Petersilie oder Zitronenmelisse
1 Zitrone

für den Spinat
70 g durchwachsener Speck
500 g Spinat
¼ Liter Gemüsebrühe
Muskat
Salz und Pfeffer

Am besten kauft man Fisch in Brandenburg direkt bei einem der zahlreichen Fischer. Hier kann man auch oft selbst angeln, dann schmeckt der Fisch natürlich noch besser!

Kräuterschrippe

einmal anders: mit Brennnesseln und Vogelmiere

Zutaten

1 Hand voll Brennnesselspitzen
2 Hände voll Vogelmiere
oder Giersch
1 Schalotte
3 EL Butter

750 g Dinkel, gemahlen
20 g Hefe
1 halbe Tasse warme Milch
1 EL Honig
1 Bio-Ei
450 ml Wasser
Salz

2 EL Sesamkörner

frische Butter
vom Bio-Bauernhof

1) Die Kräuter waschen, die Blätter abzupfen. Brennnesselblätter auf einem großen Brett ausbreiten und mit dem Nudelholz darüber rollen, um die Brennnesselhaare außer Gefecht zu setzen.
Die Kräuter in feine Streifen schneiden. Die Butter zerlassen, Kräuter und Schalotte darin kurz andünsten.
Alles etwas abkühlen lassen.

2) Hefeteig-Rezept siehe Seite 14. Gedünstete Kräuter und Schalotten zugeben. Alles gut verkneten. Den Teig 1 Stunde gehen lassen.

4) Aus dem Teig 9 Kugeln formen, die Oberseite mit etwas Wasser bepinseln und leicht in eine Schale mit Sesamkörnern drücken. Den Backofen auf 180 Grad vorheizen, die Schrippen auf ein Blech mit Backpapier legen und 20 Min. backen.

5) Dazu gut gekühlte Butter und Salz oder eine Kräuterbutter reichen. Die Schrippen schmecken auch wunderbar zu einer kräftigen Brühe.

Frische Kräuter aus dem Garten kitzeln unsere Gaumen und bringen ganz neue Geschmackserlebnisse! Hier kann man ruhig etwas probieren: Oregano, Bohnenkraut, Löwenzahn, Zichorie, Sauerampfer, Majoran oder Giersch eignen sich genauso gut. Mit Gänseblümchen oder Kapuzinerkresseblüten kann man die Butterschrippe garnieren.

Havelzander
mit Linsengemüse

1) Die Zwiebel schälen, fein würfeln und in Butterschmalz anschwitzen. Die Linsen dazugeben und kurz mitbraten und mit der Hälfte des Weißweines ablöschen. Die Brühe dazu gießen und 20 Min. köcheln lassen.

2) Die Möhren waschen, längs vierteln und in kleine Würfel schneiden. Den Porree und die Frühlingszwiebeln waschen, den Porree längs vierteln, alles klein schneiden. Die Tomaten vierteln.
5 Minuten vor Ende der Garzeit die Möhren, den Porree und den restlichen Weißwein zugeben ...
Wenn die Linsen gar sind, die Frühlingszwiebeln unterrühren und mit Salz und Pfeffer abschmecken.
Die Tomaten werden vor dem Servieren darübergestreut.

3) Die Zanderfilets vorsichtig salzen, dann in einem Sonnenblumenöl-Buttergemisch scharf auf der Hautseite so lange anbraten, bis Saftperlen auf der Oberseite erscheinen. Den Knoblauch und die Rosmarinzweige mitbraten. Die Filets wenden und sofort vom Herd nehmen.
Der Fisch gart noch etwas nach und sollte noch druckfest sein. 2 bis 3 Min. in der geschlossenen Pfanne ruhen lassen, und dann auf vorgewärmten Tellern mit dem Gemüse servieren.

Zutaten

1 Zwiebel
30 g Butterschmalz
250 g schwarze Beluga-Linsen
175 ml Weißwein,
400 ml Gemüsebrühe

2 Möhren
½ Stange Porree (das Weiße)
2 Frühlingszwiebeln
200 g Cherry-Tomaten
Salz und Pfeffer

2 Filets vom Havelzander (etwa 700 g)
Butterschmalz und Olivenöl zum Braten
2 Rosmarinzweige
1 Knoblauchzehe, halbiert

Es macht Spaß, mit Linsen in verschiedenen Farben zu experimentieren. Wichtig ist, dabei an die unterschiedlichen Kochzeiten zu denken. Je kleiner die Linse, um so feiner das Aroma.

Schöne Sonnenblumen sind das (touristische) Markenzeichen des Flämings.

Mit dem richtigen Freund ist kein Weg zu weit.

Brennnesselnocken

mit Butter und Parmesan

1) Die geschälten Kartoffeln kochen und quetschen. Die Brennnesseln im heißen Wasser kurz blanchieren und fein hacken, die Zwiebeln fein würfeln. Kartoffelbrei, Ei, Mehl, Brennnesseln und Zwiebeln miteinander verkneten. Geringfügig salzen.

2) Aus dem Teig, mit zwei kleinen Löffeln (von einem Löffel auf den anderen streichen), Nocken formen und in leicht siedendes Salzwasser geben, bis sie von selbst aufsteigen.

3) Mit zerlassener, leicht gebräunter Butter, Parmesan und frisch gemahlenem Pfeffer servieren.

Zutaten

200 g mehlige Kartoffeln
80 g Dinkel, gemahlen
100 g junge Brennnesselblätter
1 Zwiebel
1 Ei
Salz

100 g Butter
100 g Parmesan, gehobelt
Pfeffer

In die heiße Butter die Blüten von: Gänseblümchen, Veilchen, Schnittlauch oder Löwenzahn streuen – aber nicht mehr aufkochen!

Vogelmiere suppe

1) Etwas Butter erhitzen und die fein geschnittene Zwiebel mit der gehackten Knoblauchzehe anrösten. Ein paar zarte Spitzen Vogelmiere beiseite legen. Den Rest fein hacken und unterrühren.

2) Nun die Gemüsebrühe aufgießen und alles für 2 Min. köcheln lassen. Wer möchte, kann sie auch noch pürieren. In die fertige Suppe Schlagsahne einrühren und mit einem Zweiglein Vogelmiere und Blüten dekorieren.

Mit hauchdünn geschnittenem, geräucherten Wildschweinschinken kann man das Menü ergänzen.

Zutaten

1 Zwiebel
1 Knoblauchzehe
3 Handvoll junge Vogelmiere aus dem Garten
1 Liter Gemüsebrühe
200 g Schlagsahne
1 TL Butter
Pfeffer

Kohlrabigratin
mit Berliner Bulette

Zutaten

für die Buletten
2 Zwiebeln
1 Schrippe
400 g Gehacktes
(halb und halb)
2 Eier
2 TL Senf
Salz und Pfeffer
50 g Semmelmehl
Fläminger Sonnenblumenöl

für den Kohlrabi
4 Kohlrabi
3 Eier
200 ml Schmand
Muskat, Salz und Pfeffer
1 Tasse Gemüsebrühe

1) Die Zwiebeln schälen, feinhacken und die Schrippe in warmem Wasser einweichen. Das Gehackte mit Zwiebeln, der ausgedrückten Schrippe, Eiern, Senf und den Gewürzen vermengen. Daraus 8 bis 10 Buletten formen, in Semmelmehl rollen und dann etwas platt drücken. In heißem Fläming-Sonnenblumenöl von allen Seiten knusprig braten.

2) Die Kohlrabi schälen, in 5 mm dicke Scheiben schneiden und blanchieren. Eier, Schmand, Gewürze und die Gemüsebrühe zu einer gleichmäßigen Masse verquirlen. Die Kohlrabistücke in feuerfeste Förmchen legen und mit der Masse übergießen. Damit es nicht überläuft, die Förmchen nur zu 2/3 füllen. Im Backofen 30 Min. backen und im ausgeschalteten Backofen noch 10 Min. ziehen lassen.

3) Die Bulette wird traditionell mit Senf gegessen.

Die jungen Kohlrabiblätter werden klein geschnitten und mitverwendet.
Der meist holzige Wurzelansatz wird flächig abgeschnitten.
Schälen muss man beim Kohlrabi nur holzige Stellen.

Gemüseküchlein

1) Einen Hefeteig bereiten, wie auf Seite 14.

2) Das Gemüse säubern, klein schneiden und vorbereiten. Kohl und Rübchen kurz in etwas Öl anschwitzen oder blanchieren. Zwiebel, Pilze, Paprika, Zucchini, Tomaten und Porree werden nicht vorbehandelt.

3) Den Teig portionieren, dünn und rund ausrollen und in gefettete feuerfeste Förmchen legen. Der Rand sollte nicht über das Förmchen hinausgucken! Die Förmchen mit dem Teig noch 10 Min. ruhen lassen

4) Das Ei mit der sauren Sahne verquirlen, mit Muskat, Salz und Pfeffer abschmecken.

5) Das Gemüse nach Wunsch in die Törtchen füllen, die Eiersahne darüber gießen und 25 Min. backen.

Als Vorspeise empfehle ich dazu einen grünen Salat mit frischen Wiesenkräutern.

Hier kann man wunderbar experimentieren – jeder kann zusammenstellen, was ihm schmeckt. So macht Kochen mit Kindern übrigens besonders viel Spaß.
Die Kuchen passen zu jeder Jahreszeit – die Veränderung des Gemüses durch das Jahr ist für Kinder ein Erlebnis!

Zutaten

für den Teig
100 g Weizen, gemahlen
100 g Roggen, gemahlen
1 Ei
1 TL Salz
100 ml lauwarmes Wasser
20 g Hefe
2 EL Butter

für den Belag
Gemüse nach Wunsch
und saisonalem Angebot:
Tomate, Zucchini
Paprika, Aubergine
Zwiebel, Champignons
Porree, Brokkoli, Blumenkohl
2 EL Öl

1 Ei
100 g saure Sahne
1 Messerspitze Muskat
Salz und Pfeffer

Kaltblutpferde zogen die Siedlerwagen aus Flandern. Heute gibt es hier die berühmten Wagenrennen.

Flämingtrachten sind bei Volksfesten häufig zu sehen. Der rote Rock wird von einer farbigen Schürze bedeckt.

Pellkartoffeln
mit Leinöl, Kräuterquark
und Zwiebeln ...

Märkische Kartoffelsuppe

1) Die Erbsen über Nacht in der Fleischbrühe einweichen.
Am nächsten Tag zusammen mit dem kleingeschnittenen
Sellerie weichkochen. Die Suppe pürieren. Den Porree
gründlich waschen, längs halbieren und schräg in Ringe
schneiden. Möhren und Sellerie putzen, die Kartoffeln
schälen und kleinwürfeln. Alles in die Suppe geben und
15 Min. kochen lassen. Die Kräuter feinhacken, dazugeben
und die Suppe mit den Gewürzen abschmecken.

2) Den Speck würfeln und in einem Topf auslassen.
Das Brötchen in Würfel schneiden und mit der Butter
dazugeben und schön bräunen lassen.
Statt Speck eignen sich auch magere Würstchen.

3) Die Petersilie fein hacken und mit den Butter-Bröseln
zur Suppen reichen.

Zutaten
150 g gelbe Erbsen
1 Liter Fleischbrühe
150 g Knollensellerie
2–3 Möhren
½ Porreestange
250 g mehligkochende Kartoffeln
etwas Muskatnuss, gerieben
½ Bund Kerbel und Majoran
Salz und Pfeffer

100 g durchwachsener Speck
½ Weizenbrötchen
50 g Butter

½ Bund gehackte glatte Petersilie

Märkischer Kartoffelsalat

1) Die Kartoffeln kochen und abpellen. Die Gewürzgurken
vierteln und in feine Stückchen schneiden. Die Äpfel (mit
Schale), vierteln, entkernen und in kleine Würfel schneiden.
Die Zwiebeln und den Knoblauch schälen und feinhacken.

2) Créme fraîche mit etwas Gurkenwasser verrühren und
in eine große Schüssel geben. Zwiebeln, Gurken, Äpfel, den
feingehackten Majoran und Dill dazugeben und alles verrühren. Die Kartoffeln klein würfeln und unterheben.
Mit Salz und Pfeffer abschmecken, abdecken und einige
Stunden ziehen lassen.

Dazu schmeckt die Bulette von Seite 72.

Zutaten
500 g festkochende Kartoffeln
200 g Spreewälder Gewürzgurken
200 g Äpfel
200 g Zwiebeln

1 Knoblauchzehe
250 g Créme fraîche
2 EL frischer Majoran
1 Bund Dill
Salz und Pfeffer

Beamtenstippe
mit Schnittlauch und Kartoffelbrei

Zutaten

1 Gemüsezwiebel
150 g magerer Schinkenspeck
50 g Butterschmalz
1 EL Weizen, gemahlen
¼ Liter Gemüsebrühe

¼ Liter Sahne
1 Schuss Weinessig
Pfeffer, Muskat
1 Bund Schnittlauch

10–12 mehlig kochende
Kartoffeln mittlerer Größe
½ Liter Buttermilch
125 g Butter
Muskat und Salz

1) Den Schinkenspeck und die geschälten Zwiebeln in kleine Würfel schneiden und in Butterschmalz anbraten. Mit dem Vollkornmehl unter ständigem Rühren eine goldbraune Schwitze bereiten. Die Gemüsebrühe unter Rühren dazugeben und alles etwa 10 Min. köcheln lassen.

2) Danach die Sahne einrühren und mit Essig, Pfeffer und frisch geriebenem Muskat abschmecken. Salzen nur, wenn nötig, der Speck ist meist salzig genug.

3) Die Kartoffeln schälen, klein schneiden und in wenig Wasser (mit Deckel) kochen. Die weichen Kartoffeln mit Buttermilch und der Butter stampfen und mit Muskat und Salz abschmecken.

Mit frischem Schnittlauch bestreut servieren.

*Ich war von der Stippe sehr überrascht,
denn der Geschmack erinnerte mich an Elsässer Flammkuchen.
Stippe schmeckt auch mit Pellkartoffeln und dazu Knoblauchgurken!*

Gebratene Kalbsleber

»Berliner Art«

1) Die Kartoffeln schälen und kochen. Sind die Kartoffeln gar, noch so viel Wasser im Topf lassen, dass der Boden leicht bedeckt ist. Butter und Milch hinzufügen und mit einem Kartoffelstampfer einen Brei herstellen. Je nach Konsistenz noch etwas Milch hinzufügen. Mit Pfeffer, Salz und Muskat abschmecken.

2) Die Kalbsleber von Sehnen und Häuten befreien. Mit Pfeffer würzen, beide Seiten in Mehl wenden und in heißem Butterschmalz braten, bis sie gut gebräunt und knusprig, innen noch rosa-saftig und nicht blutig ist. Nun noch etwas salzen und die gebratene Leber warmhalten.

3) Die Zwiebeln schälen, in Ringe schneiden und im Bratfett der Leber leicht bräunen lassen.

4) Die gewaschenen, vom Kerngehäuse befreiten Äpfel in dicke Scheiben schneiden und in einer extra Pfanne in Butterschmalz braten, so dass sie eine schöne goldene Farbe bekommen. Auf einem angewärmten Teller servieren.

Unbedingt zu empfehlen: Vorher einen frischen grünen Blattsalat mit etwas Zitrone und Kräutern genießen.

Dieser Tipp ist nicht nur für Berliner: Statt Äpfel oder gemeinsam mit den Äpfeln gedünstet, schmecken Aprikosen oder Rhabarber wundervoll zur Kalbsleber!

Zutaten
1 kg Kartoffeln
Milch
100 g Butter
Salz
Muskat

700 g Kalbsleber
2 EL Butterschmalz
2 EL Weizen, fein vermahlen
Salz und Pfeffer

2 Gemüsezwiebeln

2 süßsaure Äpfel
1 TL Butterschmalz

Kloster Lehnin – 1183 die erste Gründung des Zisterzienserordens in der Mark Brandenburg

Knupperkirschen – ein Gaumenschmaus – herrlich ist die Kirschenzeit!

Mundgerecht

… Marmelade ohne Kochen!

1) Wenn die Früchte ihr vollstes Aroma haben, saftig, duftend und süß sind, dann kann man sie wunderbar zu einem Sonntagsfrühstück arrangieren. Das macht fast keine Arbeit und schmeckt einfach himmlisch!

2) Schnittfestes Obst, wie Pfirsiche, Weinbergpfirsiche, Aprikosen, Pflaumen oder reife Birnen, kommt in Scheiben oder Stücken direkt auf die Butterschrippen oder das Vollkornbrot.

3) Erdbeeren, Heidelbeeren, Johannisbeeren, Himbeeren oder Sauerkirschen kann man quetschen oder in Quark ein-rühren. Zucker kommt nicht dazu, denn die Früchte sind süß genug. Man kann aber fein gemahlene Nüsse oder Mandeln unterrühren, das bindet überschüssigen Saft.

4) Frischer Ziegenkäse und Nüsse ergänzen das Frühstück.

Was von der Ernte des Sommers übrig bleibt, wird für die Zeit eingefroren oder eingekocht, wenn die Früchte nicht mehr frisch zur Verfügung stehen. Ich koche mit Honig und Agar Agar ein.

Zutaten
für ein Vital-Frühstück
Vollkornbrötchen
oder Vollkornbrot

frische Butter
Ziegenfrischkäse
Nüsse

reife Früchte der Saison
zum Beispiel
Erdbeeren, Himbeeren,
Brombeeren, Pfirsiche,
Aprikosen, Pflaumen,
Birnen …

Beim Kochen von Marmelade sollte man aus gesundheitlichen Gründen wenig raffinierten Zucker verwenden. Das Fruchtmus ist dann auch vielfältiger verwendbar, z. B. als Kompott zu Joghurt, Kefir oder auch zu Plinsen. Als Dickungsmittel eignen sich auch Reismehl oder gemahlene Mandeln.

Berliner Luft
mit verschiedenen Sommerfrüchten

Zutaten
250 g Erdbeeren
80 g Himbeeren
80 g Heidelbeeren
oder
400 g entsteinte
Sauerkirschen
1 EL Honig
2 EL Orangenlikör

2 Blatt Gelatine
3 Eier
2 EL Weißwein
1 EL Honig
4 EL Zitronensaft
Salz
frische Pfefferminze

1) Alle Beeren waschen und putzen. Die kleinsten Erdbeeren, Himbeeren und Heidelbeeren beiseite stellen. Die verbleibenden Erdbeeren in einen Rührbecher geben, mit dem Stabmixer pürieren und durch ein feines Sieb streichen. 1 EL Honig, den Orangenlikör und die restlichen Himbeeren und Heidelbeeren unterrühren.

2) Die Gelatine in kaltem Wasser einweichen. Die Eier trennen. Den Wein mit 1 EL Honig und dem Zitronensaft in einen Topf geben und unter ständigem Rühren aufkochen. Die Gelatine gut ausdrücken und in der heißen Weinmischung unter Rühren auflösen. Vom Herd nehmen und das Eigelb unterschlagen.

3) Das Eiweiß mit dem restlichen Zucker und 1 Prise Salz zu einem cremigen Schnee schlagen. Ein wenig Eischnee abnehmen und unter die Zitronenmasse rühren. Dann die Zitronenmasse zum Eischnee geben und vorsichtig unterheben.

4) Die Berliner Luft in Gläser füllen und eine Stunde kühl stellen. Mit den marinierten Beeren auffüllen und mit den beiseite gelegten kleinen Beeren und einem Minzeblatt dekorieren. Bis zum Servieren kühl stellen.

Besingesuppe
mit karamellisierten Äpfeln

1) Die Besinge (Heidelbeeren) verlesen und waschen.
Eine Handvoll Beeren als Einlage beiseite stellen.
Mit dem Weißwein, dem Johannisbeersaft und 1/2 Liter
Wasser aufkochen und etwa 10 Min. ziehen lassen.

2) Mit Honig, Zimt, der Hälfte der abgeriebenen Zitronenschale und 2 EL Zitronensaft abschmecken und durch ein
nicht zu feines Sieb streichen. Die Mandeln zerstoßen oder
mahlen, in die Suppe geben und nochmals aufkochen.
Bei Bedarf mit Dinkelmehl etwas andicken.

3) Die Äpfel waschen, vierteln, das Kerngehäuse entfernen
und in Spalten schneiden. Die Butter in einer Pfanne zerlassen, den Honig dazugeben und die Haferflocken darin
rösten und etwas karamellisieren. Die Äpfel dazugeben,
leicht unterheben, bis sie eine schöne goldene Farbe haben.

Die Suppe mit den Äpfeln anrichten und warm servieren.

Zutaten
1 kg Heidelbeeren
¼ Liter Weißwein
¼ Liter Johannisbeersaft
2 EL Honig
1 TL Zimt
1 unbehandelte Zitrone
40 g süße Mandeln
2 EL Dinkel, fein gemahlen
Salz

2 saure Äpfel
3 EL Butter
1 EL Honig
3 EL Haferflocken

Kulturheidelbeeren kann man auf vielen Höfen in Brandenburg selbst pflücken.
Wer Zeit und Muße hat, findet auch in den Wäldern
des Flämings Wildheidelbeeren. Hier sollte man etwas mehr Zeit mitbringen,
da die Beeren deutlich kleiner sind.
Man wird aber durch den einmaligen Geschmack belohnt.

Äpfel – die verlockende Verbindung von Genuss und Gesundheit.

Fläming-Herbstküche

Gefüllter Kürbis
mit Hackfleisch und getrockneten Tomaten

1) Die Pattissons mit einem spitzen Messer oben aufschneiden und mit einem passenden Löffel aushöhlen. Die Wand sollte, je nach Größe, etwa 1,5 bis 2 cm dick bleiben! Die Kernmasse entfernen, das entnommene Kürbisfleisch zerkleinern und beiseite stellen.

2) Die Gemüsezwiebel in Butter glasig werden lassen und zusammen mit dem Hackfleisch schön kross durchbraten. Den Knoblauch hacken und mit den Kürbiskernen ebenfalls in die Pfanne geben. Das klein gehackte Kürbisfleisch untermischen und mitbraten. Mit Wein ablöschen. Mit Salz und Pfeffer abschmecken. Die getrockneten Tomaten in feine Streifen schneiden und zusammen mit den feingehackten Kräutern in die Masse einrühren.

3) Die ausgehöhlten Patissons mit der Fleischmasse füllen. Nicht zu voll, damit es im Ofen nicht herausläuft. Die Kürbisse in eine feuerfeste Form stellen oder mit einem gefetteten Pergament darunter, auf ein Blech stellen, und bei 200 Grad im Backofen etwa 30 Min. backen.

Dazu gibt es Kürbiskernbrot, einen frischen grünen Salat mit Kürbiskernöl-Dressing und ein Glas Weißwein.

Zutaten
2 Pattissons
1 Gemüsezwiebel
Butter
200 g Rinderhack
2 Knoblauchzehen
2 EL geröstete Beelitzer-Kürbiskerne
150 ml Wein
Salz und Pfeffer

1 Handvoll getrocknete Tomaten
frische (oder getrocknete)
Kräuter: Basilikum, Oregano,
Thymian, Rosmarin,
Bohnenkraut und Petersilie)

Kürbissuppe

Zutaten
1 kleiner Muskatkürbis
1 Kartoffel
3 Möhren
500 ml Gemüsebrühe
500 ml Weißwein
3 cm frischen Ingwer
geriebene Muskatnuss
Salz und Pfeffer

250 ml Schlagsahne
geröstete Kürbiskerne
und Beelitzer Kürbiskernöl

1) Den Kürbis halbieren, die Kerne entfernen, in Streifen schneiden und schälen. Das Kürbisfleisch in kleine Stücke schneiden. Die Möhren putzen, Kartoffeln schälen und alles klein schneiden. Das Gemüse in einen ausreichend großen Topf geben. Ingwer oder Muskat reiben und dazugeben. Die Gemüsebrühe aufgießen und aufkochen lassen. Mit geringer Hitze weich ziehen lassen. Mit dem Pürierstab das Gemüse schön cremig pürieren und mit Salz und Pfeffer abschmecken.

2) Die Sahne aufschlagen, die Hälfte in die Suppe rühren. Die Suppe auf die Teller geben und den Rest der Sahne, die gerösteten Kürbiskerne und das Kürbiskernöl zum Garnieren verwenden.

Hagebutten-Kürbis-Suppe

Zutaten
500 g Hagebutten
400 g Kürbis
100 g Kartoffeln
2 Zwiebeln
1 Stück (2 cm) Ingwer
1 EL Öl
500 ml Gemüsebrühe

100 ml Schlagsahne
Salz und Pfeffer
100 ml Créme fraîche
Beelitzer-Kürbiskerne
Syrings-Kürbiskernöl

1) Die Hagebutten säubern und in wenig Wasser kurz weich kochen. Durch die »Flotte Lotte« passieren und das Mark auffangen.

2) Kürbis, Kartoffeln, Zwiebeln und Ingwer schälen und klein schneiden. Das Öl in einem Topf erhitzen und das Gemüse darin andünsten. Die Gemüsebrühe dazugeben und alles etwa 15 Min. garen.

3) Die Sahne und das Hagebuttenmark in die Suppe rühren und mit Salz und Pfeffer abschmecken. Mit Créme fraîche, Kürbiskernen oder mit Kürbiskernöl garnieren.

Nicht benötigtes Hagebuttenmark kann man einfrieren.

Kürbis-Apfel-Marmelade
mit Joghurt

1) Den Kürbis halbieren, die Kerne herauslösen, in Streifen schneiden und die Schale entfernen. Das Fruchtfleisch in 5 bis 7 cm große Stücke schneiden.
Die Äpfel schälen, entkernen und in Achtel scheiden.

2) Kürbisstücke und Äpfel in einen großen Topf (mindestens 7 Liter) geben und mit 1 Liter Apfelsaft zum Kochen bringen. Bei schwacher Hitze weiterkochen, bis Äpfel und Kürbisse zerfallen.

3) Die Fruchtmasse mit einem großen Schneebesen oder einem Rührgerät durchrühren (nicht pürieren), bis sie eine gleichmäßige Konsistenz hat. Es sollten in der Fruchtsuppe keine Apfelstücken mehr enthalten sein, der Kürbisanteil ist als Faser zu erkennen.

4) Gelierzucker und Gelatinepulver/Pektin, der Masse zugeben und gut verrühren. 3 Min. aufkochen. Etwas von der Fruchtmasse auf einen kleinen Teller geben. Wenn die Masse nach dem Abkühlen gut geliert und streichfähig ist, hat die Marmelade die richtige Zusammensetzung und kann heiß in Schraubgläser abgefüllt werden. Vorher kann noch der Saft einer Zitrone zugegeben werden, um der Marmelade die gewünschte Säure zu verleihen.

Die fertige Marmelade kann man auch mit gut gekühltem Naturjoghurt servieren.

Zutaten

1 kleiner Moschuskürbis oder Muskatkürbis (3–4 kg)
2 kg frisch geerntete Äpfel:
eine Mischung aus Gala Royal, Rotem Boskop und Pinnova
1 Liter Apfelsaft
2x 500 g Gelierzucker 1:3
(wahlweise mit 500 g Honig)
2 Päckchen Agar Agar
1 Zitrone

Die Marmelade kann auch mit Ingwer, Nelken oder Zimt gewürzt werden.

10 bis 12 Gläser (500 ml) mit Schraubverschluss

Beim Befüllen der Gläser darauf achten, dass diese bis kurz unter den Rand gefüllt und sofort verschlossen werden! Der Rand darf nicht mit Fruchtmus bekleckert sein, sonst schließen die Gläser nicht richtig.
Gläser zum Abkühlen in Handtücher einschlagen. Ein deutliches Blop-Geräusch zeigt an, das der Deckel gut schließt und das Glas gelagert werden kann.

Ziel für einen wunderschönen Herbstausflug: Kloster Lehnin

Radtouren im Herbst sind ein ganz besonderes Vergnügen, die Belohnung ist schon im Körbchen.

Rotwurst-Kartoffelpuffer
mit Sauerkraut

1) Die Zwiebel schälen, fein würfeln und in Butterschmalz anschwitzen. Das Sauerkraut lockern, zu den Zwiebeln geben und vermischen, dann mit dem Weißwein ablöschen. Mit Wacholderbeeren und Lorbeerblatt 20 Min. dünsten.

2) Die Kartoffeln schälen und grob raspeln. Mit Salz und Pfeffer würzen. Die Rotwurst in 1 cm dicke Scheiben schneiden und oben mit Senf bestreichen. Die Kartoffelmasse darauf geben und leicht andrücken.

3) Eine Pfanne mit Öl erhitzen. Mit der Kartoffelseite nach unten die Nester in die Pfanne geben und 5 Min. goldbraun braten. Dann wenden und noch kurz für 1–2 Min. auf der anderen Seite ziehen lassen.
Die fertigen Puffer nun mit dem Sauerkraut servieren.

Zutaten
1 Zwiebel
etwas Butterschmalz
500 g frisches Sauerkraut aus dem Fass
1 Tasse Weißwein
Lorbeerblatt
Wacholderbeeren

4 große Kartoffeln
Salz und Pfeffer
400 g Rotwurst
Senf
etwas Rapsöl

Puffer aus Sauerkraut & Kartoffeln

1) Das Sauerkraut auflockern. Die rohen Kartoffeln grob raspeln und mit dem Sauerkraut gleichmäßig vermischen. Mit Salz und Pfeffer abschmecken.

2) Das Butterschmalz erhitzen und mit dem Löffel kleine Portionen der Mischung in die Pfanne geben. Kurz andrücken, damit eine flache Form entsteht. Bei mittlerer Hitze die kleinen Puffer von beiden Seiten braten.
Die Puffer passen auch gut zu Kasslerbraten.

Zutaten
Butterschmalz
200 g frisches Sauerkraut aus dem Fass
300 g Kartoffeln
Salz und Pfeffer

Kaninchenrollbraten
mit Rotkraut und Essigpflaumen

1) Den Kaninchenrollbraten vom Netz trennen. Die Rolle mit einem Baumwollfaden fest einwickeln. Mit einem milden regionalen Senf einreiben und mit gemahlenem Pfeffer würzen. Den gewürfelten Speck zusammen mit dem Kaninchen in Butterschmalz anbraten. Sobald die Speckwürfel schön kross sind, werden sie herausgenommen. Den Rollbraten mit Brühe ablöschen, Knoblauch dazugeben und etwa eine Stunde im geschlossenen Topf schmoren lassen. Regelmäßig mit etwas Bratensoße übergießen. Da der Speck salzig ist, vor dem Salzen probieren!

2) Den Rotkohl in feine Streifen schneiden und in Gänseschmalz 5 Min. anbraten. Die fein geschnittenen Äpfel, Lorbeerblatt, Nelke, Zimt, Pimentkörner und Zwiebel zugeben. Mit Apfelsaft ablöschen. Den Balsamico zufügen und weiterschmoren. Der Rotkohl sollte bissfest gegart werden. Mit Salz und Pfeffer abschmecken.

3) Die Kartoffeln schälen, in gleichmäßige Scheiben schneiden und 2 Min. blanchieren. Auf Küchenpapier abtropfen lassen und in einer großen Pfanne, in Butterschmalz, von beiden Seiten, schön kross braten. Etwas salzen. Am besten, die Kartoffeln in mehreren Partien nacheinander braten, dann werden sie gleichmäßiger kross.

Zutaten

für die Kaninchenrolle
1 Kaninchenrollbraten
150 g durchwachsener Speck
50 g Butterschmalz
1 Knoblauchzehe
250 ml Gemüse- oder Hühnerbrühe
Majoran
Senf
Salz und Pfeffer

für den Rotkohl
1 Rotkohl
3 EL Gänseschmalz
2 Äpfel
1 Zwiebel
1 Nelke, 1 Lorbeerblatt
2 Pimentkörner,
1 Zimtstange
½ Liter Apfelsaft
2 EL Balsamico, dunkel

für die Bratkartoffeln
8 bis 10 Kartoffeln
Butterschmalz

Fläminger Essigpflaumen:
Entsteinte Backpflaumen werden in dunklem Balsamico mit Bio-Zitronenschalen und Ahornsirup eingekocht und so konserviert. Ich fülle sie in ein kleines Schraubglas; so sind sie lange haltbar. Sie schmecken zu Kaninchen, Wild, Schweinebraten oder im Pflaumenkraut.

(siehe Seite 117)

Die »Sphären« am Kunstwanderweg bei Bad Belzig

Einfach überwältigend diese Farben – der Naturpark Nuthe-Nieplitz

Fläminger Speckkraut

1) Alle Kohlblätter abziehen und waschen. Die dicken Strünke herausschneiden. Die Blätter aufrollen und quer in feine Streifen schneiden. Den Knoblauch schälen und fein hacken. Den Speck in dünne Scheiben, dann in feine Stifte schneiden.

2) Den Speck mit Öl in einem großen Topf bei mittlerer Hitze unter Rühren ein paar Minuten braten, bis er rundum goldbraun und knusprig ist. Den Knoblauch hinzufügen, und sobald er Farbe annimmt, die Butter und den Kohl dazugeben. Gut durchmischen und den Kohl anschmoren.

3) Die Brühe in den Topf gießen und gut umrühren. Einen Deckel auflegen und den Kohl 5 Min. weiter schmoren lassen. Anschließend ohne Deckel weitere 5 Min. garen. Den Kohl auf Teller geben, pfeffern und mit frischem Schmand servieren.

Tipp:
Das Gericht ist solo ein Gedicht! Man kann es ergänzen mit Kartoffelbrei und Fläming-Knackern. – Und es schmeckt auch ohne Speck!

Zutaten
1 kleiner Kopf Wirsing-, Weiß- oder Spitzkohl

100 g Speck
Sonnenblumenöl
2 Knoblauchzehen
2 EL Butter
200 ml Fleischbrühe

Olivenöl
Pfeffer
150 g Schmand

Die Garzeit hängt vom Kohl ab, er sollte bissfest bleiben – also am Besten probieren!

Ich mache auch gern etwas Knoblauch in den Schmand – dafür kommt weniger Knoblauch in den Kohl.

Karamellisiertes Gemüse
Möhren, Steckrüben …

Zutaten
400 g Möhren
1 Steckrübe (500 g)
2 EL Honig
200 ml Gemüsebrühe
80 g Butter
Salz und Pfeffer
1 EL mittelscharfes
Currypulver
Muskatnuss
je 1 Handvoll Gartenkresse
und Petersilie

1) Möhren und Steckrüben schälen und zu dicken Stiften schneiden.
Honig und Butter in einem Topf erhitzen und karamellisieren lassen, mit Brühe ablöschen und kochen, bis der Sirup sich gelöst hat. Jetzt Salz, Pfeffer, Currypulver und etwas abgeriebene Muskatnuss dazugeben.

2) Die Steckrübenstifte dazugeben und 4 bis 5 Min. bei mittlerer Hitze zugedeckt im Sud garen. Dann die Möhren hinzufügen und 5 bis 6 Min. bei stärkerer Hitze offen weitergaren.
Das Gemüse ständig mit der Flüssigkeit beschöpfen (der Sud soll dickflüssig einkochen und sich um das Gemüse legen). Zwischendurch das Gemüse verkosten, es sollte bissfest bleiben. Garzeiten beim Gemüse fallen sehr unterschiedlich aus – junge Möhrchen sind zum Beispiel schon nach 3 Minuten gar.

3) Das Gemüse, mit fein gehackter Gartenkresse oder Petersilie bestreut, servieren.

Tipp: Gut dazu passen auch gegrillte Hähnchenkeule oder ein Wildbraten.

Die Winterrüben und Wurzeln kann man vielfältig variieren. Petersilienwurzeln, Pastinaken, Teltower Rübchen, Sellerie und Zwiebeln gibt es im Herbst und im Winter. Auch eine Kombination aus Wurzeln und Kraut schmeckt hervorragend.
Ich liebe es, immer neue Varianten zu auszuprobieren und die Familie mit den farbenfrohen Gerichten zu überraschen.

Die Zeitangaben für die Gemüseküche sind unverbindlich. Es hängt davon ab, ob es junges, zartes, oder robustes Gemüse ist. Ich mag Gemüse bissfest, lieber etwas roh als zu weich. Probieren Sie einfach zwischendurch, bis es für Sie richtig ist.

Hirschrücken
mit grünen Bohnen

1) Vom Hirschrücken die Knochen auslösen und die Sehnen entfernen. Den Hirschrücken pfeffern. Das Butterschmalz in einem Bräter zerlassen und den Hirschrücken in der Pfanne von beiden Seiten 2 bis 3 Min. kräftig anbraten. Das geputzte und klein gewürfelte Gemüse, die Gewürze und den Rotwein in den Bräter geben. Den geschlossenen Bräter in den Backofen schieben und etwa 40 Min. bei 200 Grad garen lassen. Das Fleisch entnehmen, es sollte nun noch 10 Minuten ruhen, bevor es angeschnitten wird. Den Bratenfond mit dem Balsamico einkochen lassen, durch ein Sieb passieren und mit kalter Butter binden.

2) Die Kartoffeln gut bürsten und längs vierteln. Sonnenblumenöl, Knoblauch, Rosmarin und Salz gut vermischen und die Kartoffeln damit einpinseln.
Ein Backblech mit Backpapier belegen, die Kartoffeln darauf verteilen und 25 Min. backen.

3) Die grünen Bohnen abknipsen, zusammen mit dem Bohnenkraut und etwas Salz 4 bis 8 Min. leicht kochen. Abgießen, mit gebräunter Butter übergießen und mit frischem Pfeffer würzen.

Den Hirschrücken aufschneiden und mit Backkartoffeln, grünen Bohnen und etwas Soße servieren.

Fleisch oder Fisch gibt es bei uns nur noch Sonntags, wenn die Familie kommt – dann wird gekocht. Und es darf gern etwas vom Wildhandel oder vom Förster sein!

Zutaten
1 Hirschrücken, etwa 1,5 kg
Pfeffer
50 g Butterschmalz
2 Möhren
2 Zwiebeln
1 kleine Sellerieknolle
8 Wacholderbeeren, zerstoßen
Pfefferkörner, zerstoßen
250 ml Rotwein
2 EL dunkler Balsamico
2 EL kalte Butter

500 g Kartoffeln
Rosmarin
Sonnenblumenöl
1 Knoblauchzehe
Salz und Pfeffer

500 g grüne Bohnen
Bohnenkraut
Salz und Pfeffer

Blankenseer Meerjungfrauen sind leider nur aus Holz. Dafür gibt es zu hier jeder Jahreszeit frischen Fisch.

Kürbisse sind nicht nur ein leckeres Gemüse. In Klaistow entstehen in jedem Herbst daraus neue Welten.

Rotkohlsuppe
mit Äpfeln und Kartoffeln

1) Die Kartoffeln schälen und würfeln.
Vom Kohlkopf die äußeren Blätter entfernen, den Kohlkopf halbieren, vierteln, den Strunk herausschneiden und den Kohl in feine Streifen schneiden.

2) In einem Topf das Butterschmalz erhitzen, die Rotkohlstreifen kräftig darin anschwitzen und die Kartoffelwürfel zugeben. Salz, Essig und Rotwein vermischen, dazugeben und 10 Min. köcheln lassen.

3) Die Äpfel vierteln, das Kerngehäuse entfernen, würfeln und auf das Kraut geben. Mit der Fleischbrühe auffüllen und 20 Min. bei geschlossenem Deckel weiter köcheln lassen.

4) Die Suppe pürieren, mit Honig abschmecken und mit Sahne und Petersilie servieren.

Zutaten
½ Rotkohl
5 mehligkochende Kartoffeln
2 EL Butterschmalz

½ TL Salz
6 EL Apfelessig
100 ml trockener Rotwein

2 Äpfel
1 Liter Fleischbrühe

2 EL Honig
100 ml Sahne, geschlagen
Petersilie

In Anlehnung an ein Rezept vom Gesundheitskoch Andreas Goßler aus der Sendung »Hauptsache Gesund« im MDR-Fernsehen. Er sagte dazu: »Rotkohl ist, wie alle Kohlsorten, reich an Vitaminen und Mineralstoffen. Zudem enthält Kohl Glucosinolate. Diese sekundären Pflanzenstoffe sind für das charakteristische Aroma von Kohl verantwortlich. Studien belegen, dass ein hoher Kohlverzehr mit einem niedrigeren Erkrankungsrisiko für Dickdarmkrebs und andere Tumorarten einhergeht.«

Hagebuttencreme
mit Sahnequark

1) Erntezeit ist nach dem ersten Frost. Die Hagebutten waschen und säubern. Den Weißwein aufkochen, die Hagebutten zugeben und bei milder Hitze weich kochen. Die weichgekochten Früchte durch ein grobes Sieb streichen. Das Mus mit 2 EL Honig, dem Saft der ausgepressten Orange und dem Likör abschmecken und abkühlen lassen.

2) Quark, Sahne und 1 EL Honig schön cremig rühren und mit dem Hagebuttenmus anrichten. Gut gekühlt servieren.

Zutaten
250 g Hagebutten
65 ml Weißwein
3 EL Honig
1 Orange
1 TL Orangenlikör
500 g Quark
200 ml Schlagsahne

Das fertige Hagebutten- oder Sanddornmark nochmals aufkochen und heiß in kleine Schraubgläser füllen — eine schöne Reserve für Soßen, z. B. zu Wild oder für Süßspeisen im Winter.

Zucchini-Sanddornsuppe

1) Schalotten und Zucchini würfeln und in Olivenöl dünsten. Kartoffeln schälen, klein schneiden und kurz mitbraten. Mit Gemüsebrühe ablöschen und 5 Min. Kochen. Alles fein pürieren, Sanddornmark und Sauerrahm dazu geben und mit Salz und Pfeffer abschmecken.

2) Sahne schlagen, mit Zitronensaft vermischen und die Suppe damit garnieren.

Zutaten
2 Schalotten
600 g Zucchini
Olivenöl zum Dünsten
400 g Kartoffeln
1 Liter Gemüsebrühe
50 ml Sanddornmark
200 g Sauerrahm
75 ml Schlagsahne
2 TL Zitronensaft
Salz und Pfeffer

Saibling mit Backkartoffeln und Salat

1) Den grünen Salat waschen, die Blätter abzupfen, die rote Paprika vierteln, entkernen und in sehr feine Streifen schneiden, den Rettich grob reiben. Alles locker miteinander vermischen.

2) Für die Vinaigrette das Walnussöl mit dem Pflaumenchutney vermischen (zusammen in ein Schraubglas füllen und schütteln), etwas Zitronensaft dazu geben und mit Salz und Pfeffer abschmecken.

3) Fangfrischen küchenfertigen Saibling unter fließendem Wasser abspülen. Mit Zitronensaft abreiben. 10 Min. ruhen lassen. Danach mit Bratfischgewürz innen und außen einreiben, in einen Bratschlauch geben und Butterflocken auf dem Fisch verteilen. Den Bratschlauch verschließen und im vorgeheizten Ofen bei etwa 200 Grad 20 Min. backen.

4) Kartoffeln waschen und vierteln. Die flüssige Butter mit fein gehacktem Rosmarin, Majoran, Kerbel und etwas Salz mischen. Die Schnittseiten der Kartoffeln damit bestreichen und in feuerfeste Portionsförmchen legen. Die Kartoffeln 30 Min. mit in den Backofen stellen. Wenn sie noch nicht genug Farbe haben, kann man sie zum Schluss noch etwas grillen.

Pflaumenchutney:

… besteht aus sehr reifen Pflaumen, etwas Essig, Ingwer und grünem Pfeffer; statt Ingwer passen auch Knoblauch und gehackte Walnüsse gut dazu. Alles wird zerkleinert, zusammen 10 Min. gekocht und in Schraubgläsern verschlossen.
Das schmeckt zu Gegrilltem, zu Wildbraten oder würzt ein aromatisches Salatdressing.

Zutaten
für 2 Personen

1 Pflück- oder Endiviensalat
2 rote Paprikaschoten
½ Rettich
Pflaumenchutney
Walnussöl
Salz und Pfeffer

2 Saiblinge (je 400 g)
1 Zitrone
Bratfischgewürz: Zwiebel, Pfeffer, Zitronenschale, Dill, Koriander, Paprika, Lorbeerblatt und Petersilie
2 EL Butter

4–5 Kartoffeln
1 EL Butter
1 Handvoll Rosmarin, Majoran und Kerbel

Am Kunst-Wanderweg im Hohen Fläming. Die Weltentür – ein Klangerlebnis für Neugierige.

Süß und saftig: Fläminger Pflaumenkuchen gibt es in den Landgasthöfen der Region.

Hefeplinsen
mit Fläminger Pflaumenmus

1) Die Hefe in lauwarmer Milch mit Eiern, Honig und Öl verrühren. Eine Prise Salz zugeben. Das Mehl unter ständigem Rühren hinzufügen, bis ein dickflüssiger Teig entsteht. Den Teig abdecken und an einem warmen Ort etwa 20 Min. ruhen lassen.

2) Inzwischen die Rosinen mit kochendem Wasser übergießen und 10 Min. einweichen. Dann abgießen, abtropfen lassen und in den Hefeteig einarbeiten.

3) In einer Pfanne, mit schwerem Boden, 1 EL Butterschmalz erhitzen. Mit einer mittleren Suppenkelle eine Portion Teig in die Pfanne geben, so dass der Boden zu 3/4 bedeckt ist. Den Plinse so lange bei gleichmäßiger Hitze backen, bis der Teig nicht mehr flüssig ist. Jetzt kann der Plinsen gewendet und auf der anderen Seite goldbraun gebacken werden.

4) Die Butter in einem Topf zerlassen und über die fertigen Plinsen geben. Mit Zimt bestreuen und mit Pflaumenmus servieren.

Pflaumenmus:

Sehr reife, halbierte Pflaumen mit der Schnittseite nach unten auf ein tiefes (8 cm) Backblech schichten, bis die Form etwa zu 2/3 voll ist.
Das Blech in den Herd schieben und bei 120 Grad 1 Stunde garen. Mit Nelken und Zimt würzen. Weitere 3 bis 4 Stunden kochen und ab und zu umrühren, wobei die Ofentür mit einem eingeklemmten Kochlöffel offen gehalten wird. So kann das Mus eindicken.
Es ist fertig, wenn die Spur des Löffels beim Umrühren nur langsam verschwindet.

Zutaten
20 g Hefe
250 ml Milch
2 Eier
1 TL Honig
1 EL Walnussöl
1 Prise Salz
250 g Weizen, gemahlen

50 g Rosinen

Butterschmalz oder
Sonnenblumenöl zum Braten

10 g Butter
Zimt
Pflaumenmus

für das Pflaumenmus
2 kg Pflaumen
3 Nelken
1 TL Zimt

Holunder-Äpfel
mit Fläminger-Ziegenfrischkäse

1) Die Äpfel waschen, schälen, vierteln und würfeln. Die Zitrone waschen, die Schale abreiben und beiseite stellen. Den Zitronensaft auspressen. Den Holundersaft erhitzen. Zitronensaft mit der Speisestärke anrühren, in den Holundersaft geben. Die Apfelwürfel ebenfalls dazugeben und alles unter Rühren etwas eindicken lassen.

2) Walnusskerne grob hacken und in die gebutterten Förmchen geben. Die Holunderäpfel darauf verteilen.

3) Inzwischen für den Guss, Sahne, Ziegenfrischkäse, Eier, Zitronenschale und Puddingpulver verrühren und auf die Förmchen verteilen. Die Förmchen nicht zu hoch füllen. 15 Min. backen, anschließend noch 10 Min. im ausgeschalteten Ofen ruhen lassen.

Zutaten
2 große säuerliche Äpfel
150 g Holundersaft
1 unbehandelte Zitrone
1 EL Speisestärke

1 EL weiche Butter
50 g Walnusskerne

250 g saure Sahne
250 g Ziegenfrischkäse
2 Eier
½ Päckchen
Vanillepuddingpulver

In die Mitte jedes Förmchens, ein aus Pergamentpapier geformtes Röhrchen hineinstecken, damit es weniger überkocht und die Luft entweichen kann.

Die abgebildeten feuerfesten Förmchen gibt es bei Königsblau Keramik in Schmerwitz.

Früchte-Napfkuchen
mit Quitten und Preiselbeeren

1) Die halbe Quitte sehr fein würfeln (etwa 5 mm), das Kerngehäuse dabei entfernen.
Die Hälfte der Quittenwürfel und die Preiselbeeren, am besten schon am Vortag, in Orangenlikör einlegen.

2) Die Hefe in der warmen Milch anrühren, 2 Teelöffel Honig dazugeben und 15 Minuten stehen lassen.

3) Butter und Honig schaumig rühren, Eier, Mehl und die Hefemischung dazugeben und gut durchrühren. Die abgeriebene Zitronenschale, Mandeln und Salz unterrühren und zu einem glatten Teig verarbeiten. Den Teig so lange warm stellen, bis er sich verdoppelt hat.

4) Die restliche fein gewürfelte Quitte und die Preiselbeeren in den nun fertigen Teig einarbeiten. Eine Napfkuchenform fetten und mit Semmelbröseln ausstreuen. Den Teig hineingeben. Den Kuchen je nach Größe, etwa 40 Min. backen.

Zutaten
½ Quitte
200 g Preiselbeeren
3 EL Orangenlikör

1 Würfel Hefe
100 ml Milch
200 g Honig

200 g Butter
6 Eier
500 g Dinkel, fein gemahlen
1 TL abgeriebene unbehandelte Zitronenschale
15 g gemahlene bittere Mandeln
30 g gehackte süße Mandeln
Salz
Puderzucker zum Bestreuen

Wenn man eine kleinere Napfkuchenform hat, bleibt etwas Teig für Früchtebrötchen übrig. Der Kuchen und die Brötchen schmecken wunderbar zum Tee nach einer Herbstwanderung.

Nicht jeder Winter in der Nuthe-Niederung hat so viel Schnee

Fläming-Winterküche

Fläming-Borschtsch –
die warme Wurzelsuppe

1) Das Gemüse säubern. Möhren, Petersilienwurzeln und Rote Beete schälen und in mundgerechte Stücke schneiden. Beim Wirsingkohl vor dem Zerkleinern den Stiel entfernen. Den Porree in Ringe schneiden, die kleinen Schalotten nur säubern.

2) Nun einen ausreichend großen Topf nehmen und den in dünne Scheiben geschnittenen Speck knackig anbraten. Die kleingewürfelte Gemüsezwiebel und den Knoblauch dazugeben und glasig dünsten.
Das zerkleinerte Gemüse mit 3 EL Butterschmalz dazugeben und etwas anbraten. Mit der Rinderbrühe ablöschen und 15 Min. köcheln lassen.

3) Mit Salz und Pfeffer abschmecken und mit frischem Sauerrahm und Kräutern servieren.

Zutaten
300 g durchwachsener Speck
1 Gemüsezwiebel
2 Knoblauchzehen
4 EL Butterschmalz
4 Möhren
4 Rote Rüben
¼ Wirsingkohl
1–2 Petersilienwurzeln
oder Pastinaken, Steckrübe …
1 Stange Porree
4 kleine Schalotten
2 Liter Rinderbrühe
6 Pfefferkörner, zerstoßen
2 Nelken, zerstoßen
1 Lorbeerblatt
1–2 EL Obstessig
Salz und Pfeffer
Sauerrahm
Dill oder Schnittlauch

Rüben halten sich sehr gut, wenn sie nach der Ernte in einem, im Winter nicht benötigten und mit Sand gefüllten, Terracottakübel gelagert werden.
So hat man bis zum Frühjahr Rote Rüben und anderes Wurzelgemüse.
Die fertige, vorgekochte und geschälte Rote Beete gibt nicht so viel schöne rote Farbe ab.

Wintergemüsesuppe

Zutaten

200 g Kichererbsen
2 Kartoffeln
1 Möhre
100 g Knollensellerie
1 Liter Gemüsebrühe

1 Stange Porree
2 Knoblauchzehen
1 TL Liebstöckel

2 EL Petersilie
Salz und Pfeffer

pikante Wildsalami
oder Fläming-Knacker

1) Die Kichererbsen über Nacht in ausreichend Wasser einweichen.
Kartoffeln, Möhre und Sellerie säubern, klein würfeln und zu den Erbsen geben. Mit Wasser auffüllen (knapp bedeckt). Alles bissfest kochen.

2) Den Porree waschen und in Ringe schneiden. Sonnenblumenöl in einem Topf erhitzen. Porree, gehackten Knoblauch und Salz zufügen und weich dünsten.
Die Kichererbsen mit dem Gemüse dazugeben und mit Gemüsebrühe auffüllen. Grob gehacktes Liebstöckel zufügen und 15 Min. köcheln lassen.

3) Mit Salz und Pfeffer abschmecken und anrichten.
Mit fein gehackter Petersilie bestreuen.
Zur Suppe schmecken pikante Wildsalami oder würzige Fläming-Knacker.

Eine herzhafte Wintersuppe,
die Magen und Seele wärmt,
kann man vorkochen, denn aufgewärmt
schmecken Suppen bekanntlich noch besser.
So können Sie ganz entspannt einen Winterspaziergang genießen – die Suppe wartet auf Sie.

Brotsuppe aus altbackenem Brot

1) Das Brot in Scheiben schneiden (eine Scheibe zur Seite legen), würfeln und in einem großen Topf in Butterschmalz anbraten. Den Knoblauch hacken, die Zwiebel würfeln und beides dazugeben und mitbraten.

2) Alles gut durchrühren, mit der Fleischbrühe aufgießen und 15 Min. kochen lassen, dann pürieren.
Mit reichlich Pfeffer, etwas Salz und Muskat kräftig abschmecken.
Sollte die Suppe zu dick sein, etwas Brühe auffüllen.
Zum Schluss die Sahne unterrühren.

3) Das restliche Brot würfeln und mit Butter in einer Pfanne von allen Seiten kross rösten. Die Suppe mit den gerösteten Bröseln und gehackten Kräutern servieren.

Zutaten
150 g altbackenes gutes Vollkornbrot
80 g Butter
1 Zwiebel
1 Knoblauchzehe
1,5 Liter Fleischbrühe
100 ml Schlagsahne
Muskatnuss
Salz und Pfeffer
frische Petersilie oder Schnittlauch

Variationen:
Möhren, Pilze, Suppengemüse oder Speck

Oder: 4 Scheiben altbackenes Brot würfeln, 50 g Butter, Pfeffer, Salz, etwas Kümmel dazu und mit heißer Fleischbrühe übergießen.

Der Geschmack der Brotsuppe hängt sehr vom verwendeten Brot ab. Ein richtiges Sauerteigbrot aus Vollkornroggen gibt den besten Geschmack.

Ein Rezept von 1850, aus der Heimatstube in Kähnsdorf, empfiehlt, das »gestoßene« Brot mit Zucker, Zimt, Butter und einer Prise Salz in etwas Wasser zu kochen, bis es »dick und weich« wird. Dann wird mit Buttermilch aufgegossen und »bis vors Kochen« gebracht. Eine Mehlschwitze mit Milch diente zusätzlich zum Andicken.

Teltower Rübchen-Suppe

1) Die Rübchen waschen, schaben und klein schneiden. Butter in einem Topf zerlassen, das klein geschnittene Suppengemüse (Seite 173) und die Teltower Rübchen darin anbraten. Mit Weißwein ablöschen, die Gemüsebrühe angießen und alles 30 Min. garen.

2) Die Suppe pürieren, die Sahne unterrühren, mit Salz und Pfeffer abschmecken und mit frischer Petersilie servieren.

Und noch feiner: geräucherte Entenbrust, in hauchdünne Scheiben geschnitten, auf die Suppe geben.

Zutaten

1 kg Teltower Rübchen
30 g Butter
100 g Suppengemüse
(Lauch, Sellerie, Zwiebel)
120 ml Weißwein
500 ml Gemüsebrühe
200 ml Schlagsahne
Salz und Pfeffer

Warmer Rübchensalat
mit Speck und Nüssen

1) Den Speck in dünne Streifen schneiden und mit wenig Butterschmalz kross braten.

2) Die Teltower Rübchen waschen, schaben, klein schneiden und mit dem Honig zum Speck geben. Alles zusammen anbraten und mit einer Tasse Gemüsebrühe ablöschen. Die Soße einköcheln lassen und den Salat warm, mit Walnüssen garniert, servieren.

Tipp: Der Salat eignet sich auch wunderbar als Vorspeise.

Zutaten

200 g magerer Speck
Butterschmalz

500 g Teltower Rübchen
1 EL Honig
1 Tasse Gemüsebrühe
oder Weißwein
100 g Walnüsse

Dreierlei-Gratin

aus Teltower Rübchen, Äpfeln und Kartoffeln

Zutaten
350 g Teltower Rübchen
350 g Kartoffeln
350 g rote Äpfel

1 Becher Schlagsahne
200 ml Gemüsebrühe
3 Eier
1 EL Hirse, gemahlen
1 TL Salz
etwas Muskat
Koriander
Butter zum Ausstreichen
der Form

1) Die Rübchen waschen, schaben und putzen. Die Äpfel vierteln, entkernen, die Kartoffeln schälen und alles in 5 mm dicke Scheiben schneiden. Die Rübchen und die Kartoffeln 5 Min. vorkochen.

2) Sahne, Brühe und Eier mit dem Schneebesen verrühren, die Gewürze und dazugeben.

3) Eine feuerfeste Form mit Butter ausstreichen. Das Gemüse hineinschichten und mit der Sahnemischung übergießen. Butterflocken und etwas Semmelbrösel obendrauf und das Ganze bei 180 Grad eine Stunde backen.

Teltower Rübchen, klassisch

1) Die Rübchen waschen, schaben, putzen und längs halbieren, größere Rübchen vierteln.

2) In einer gusseisernen Pfanne Butter auslassen. Die Rübchen zugeben und dünsten. Nach etwa 3 Minuten den Honig zufügen und die Rübchen 5–10 Min. karamellisieren. Jetzt kann man die Rübchen mit Brühe ablöschen und etwas einkochen lassen, pfeffern und salzen oder ...

Zusätzlich: Die karamellisierten Rübchen mit Weinbrand flambieren.

Zutaten
500 g Teltower Rübchen
1 EL Honig
50 g Butter
¼ Liter Brühe
Salz und Pfeffer
Weinbrand

Gemüseteller
warm & kalt

1) Den grünen Salat waschen, die Blätter abzupfen, trocknen und auf den vier Tellern kreisförmig anordnen. Paprika, Möhren, Rübchen und Tomaten kleinschneiden und ebenfalls kreisförmig auf die Teller legen. In der Mitte die Fläche für den warmen Salat berücksichtigen.

2) Die Gemüsezwiebel in Stücke schneiden. Die Wirsing-blätter vom Strunk befreien und in kleine Streifen schnei-den. Alles zusammen 10 Minuten in Butterschmalz braten. Den fertigen Wirsingkohl in die Tellermitte geben.

3) Die Wachteleier braten und je ein Ei obenauf legen.

4) Alle Zutaten für das Dipp gut miteinander verquirlen, in vier kleine Schälchen füllen, mit Kräutern bestreuen und zum Salat reichen.

Zutaten
für 4 Personen

1 Blattsalat
2 rote Paprikaschoten
4 Möhren, farbige Sorte
1 Mairübchen
6 Cherry-Tomaten
½ Gemüsezwiebel
4 Blätter Wirsingkohl
4 Wachteleier
Butterschmalz zum Braten

für das Dipp
200 ml Schmand
½ TL Honig
Kräutersalz
1 TL Meerrettich, fein gerieben
oder 1 Knoblauchzehe
1–2 EL Zitronensaft
4 EL Sonnenblumenöl
frische Kräuter

Die Zutaten für den Salat kann man nach Gusto völlig verändern.
Zu empfehlen ist, dass zu gleichen Teilen unter der Erde
und über der Erde gewachsenes Gemüse verwendet wird.
Der Salat sollte immer farbenfroh aussehen.
Sehr gut schmeckt dieser auch mit einer gehobelten, rohen Schwarzwurzel.
Mit Sprossen kann man ihn komplettieren!

Hagebutten leuchten im Schnee. Nach dem ersten Frost kann man sie ernten.

Nach Plänen von Schinkel erbaut – die Kirche in Großbeeren.

Selleriesalat
mit Birnen und Nüssen

1) Den Knollensellerie schälen und grob raspeln.
Die Birnen vierteln, entkernen und ebenfalls raspeln.
Mit einem Spritzer Zitrone alles locker durchmischen.

2) Die Sahne dazugeben und unterrühren, in Schalen
anrichten und mit Nüssen und Birnenspalten garnieren.

Zutaten
1 mittlerer Knollensellerie
2 Birnen oder Äpfel
½ Zitrone
200 g Schlagsahne
200 g Walnusskerne

Selleriesuppe

1) Das Gemüse putzen, schälen, und zerkleinern.
Die Zwiebel und den Knoblauch schälen, hacken und im
Topf etwas anbraten. Das Gemüse zugeben, gut durchrühren, mit der Gemüsebrühe ablöschen und alles 15 Min.
köcheln. Anschließend pürieren und mit Salz und Pfeffer
abschmecken. Den Weißwein in die Suppe geben, kurz aufkochen und ausschalten, die Hälfte der Sahne unterrühren.

2) Die Kräuter waschen und trocknen. Petersilie hacken
und Schnittlauch in Röllchen schneiden. Die Suppe damit
garnieren. Die restliche Sahne aufschlagen und als Häub-
chen auf die Suppe geben.

Zutaten
1 Sellerieknolle
3 große mehlige Kartoffeln
1 Petersilienwurzel
1 Zwiebel
1 Knoblauchzehe
1 EL Butter zum Braten
900 ml Gemüsebrühe
Salz und Pfeffer

100 ml Weißwein
200 ml Schlagsahne
4 Stiele Petersilie
½ Bund Schnittlauch

Frischlingsrückenfilets
mit Sellerie-Kartoffelgratin

Zutaten
2 kg Frischlingsrücken
5 EL Butterschmalz
1 EL Salbei, gerieben
1 EL Wacholderbeeren
1 EL Pfeffer
1 Flasche guten Rotwein
Für den Sud brauchen
wir ½ Liter,
der Rest ist für den Koch.

für die Kräuterbutter
200 g Butter
Meersalz und frischen bunten
Pfeffer – fein gemahlen –,
Rosmarin, Salbei und etwas
Petersilie gut vermengen.

Sellerie-Kartoffelgratin
½ der Zutaten
wie für Kartoffelbrei
auf Seite 83.
400 g Sellerie
etwas Butter und Salz

1) Die Filets auslösen und von der Muskelhaut befreien. Dann kräftig mit einer Mischung aus gestoßenen Wacholderbeeren, Salbei und grob gemahlenem Pfeffer einreiben und zur Seite legen.

2) Die Knochen zerkleinern und zusammen mit der Muskelhaut in einen Schmortopf geben und in Butterschmalz anbraten. Mit zerstoßenen Wacholderbeeren, Salbei und Lorbeer würzen. Das Ganze mit ¼ Liter Rotwein und einem ¼ Liter Wasser ablöschen und bei geschlossenem Deckel 30 Min. köcheln lassen. Danach den restlichen Rotwein zugeben, den Sud auf die Hälfte reduzieren, abseihen und mit Salz abschmecken. Fertig ist die Soße.

3) In einer Pfanne Butterschmalz erhitzen. Die Filets von allen Seiten anbraten, sodass sich die Poren schließen und die Oberflächen knusprig aussehen. Je nach Dicke der Filets und dem gewünschten Gargrad (medium oder durch) etwa 3 bis 5 Min. Die Pfanne abdecken und das Fleisch im warmen Backofen bei 150 Grad 5 bis 10 Minuten reifen lassen.

4) Kartoffelbrei, wie auf Seite 83, herstellen. Der Sellerie wird kleingewürfelt und in wenig Wasser, mit Salz und 1 EL Butter, weich gekocht, püriert und unter den Kartoffelbrei gerührt. Das Ganze wird in feuerfesten Portionsschälchen, mit ein paar Butterflocken, im Ofen überbacken.

Alle rohen Wildbretteile, die beim Zurichten anfallen – Knochen, Muskelhaut, nicht so wertvolle Fleischteile –, ergeben einen wunderbaren Wildfond (wie unter 2 beschrieben). Neben dem Einsatz von Wildgewürzen kann man auch mit der Beigabe von Sellerie oder Möhren beim Kochen den Geschmack des Fonds variieren. Der Fond wird zum Schluss passiert, um eine gleichmäßige Soße zu erhalten.

Lauch-Käse-Suppe

1) Das Butterschmalz in einen großen Topf geben und das Hackfleisch darin von allen Seiten richtig kross anbraten. Mit Salz und Pfeffer würzen.

2) Den Lauch in kleine Ringe schneiden und mit der gehackten Zwiebel und dem Knoblauch zum Hackfleisch in die Pfanne geben. Etwa 5 Min. mitbraten. Die Brühe zugießen und alles 5 Min. weiter köcheln lassen.

3) Den geriebenen Emmentaler einrühren, schmelzen lassen und die Suppe noch einmal aufkochen. Die Sahne dazugeben und mit den Gewürzen abschmecken. Dazu geröstetes Dinkelbrot reichen.

Zutaten
(für 10 Personen)

1250 g Hackfleisch, gemischt
2 EL Butterschmalz

7 Stangen Lauch
1 Zwiebel
1 Knoblauchzehe
1,75 Liter Gemüsebrühe

600 g Emmentaler oder Gruyere, geriebenen
2 Becher Schlagsahne oder Schmand
Muskat
Salz und Pfeffer

Dinkelbrot

Eine schöne warme Wintersuppe, die man auch schon einen Tag vorher fertigstellen kann!
Statt Lauch kann man auch Wirsing- oder Rosenkohl verwenden.
Die Suppe wird etwas dicker, wenn man 2 mehlig kochende Kartoffeln reibt und mitkocht.

Linsensalat

mit gebeizter Entenbrust

1) Einen Tag vorher: Das Fleisch kräftig salzen und pfeffern. Von beiden Seiten kurz anbraten, dabei die Hautseite zuerst. Auf ein Gitter legen und im vorgeheizten Backofen bei 180 Grad 10 Min. garen. Eine ofenfeste Schale mit etwas Wasser unter das Gitter stellen, um den Bratensaft aufzufangen.
Für die Beize von der Orange feine Zesten reißen, danach die Orange auspressen. Zesten und Saft mit Honig und dem Thymian verrühren. Die gebratenen Entenbrüste in dem Sud über Nacht marinieren.

2) Den Knoblauch ungeschält mit einer breiten Messerklinge anquetschen. Braune Linsen, Knoblauch und das Lorbeerblatt mit kaltem Wasser bedecken und 10 Min. kochen. Die roten Linsen nun in die kochenden, fertigen Linsen einrühren. Danach das Wasser abgießen, Knoblauch und Lorbeerblatt entfernen.

3) Möhre und Sellerie waschen, putzen und fein würfeln. Den Porree längs vierteln und in feine Scheiben schneiden. Das Gemüse im heißen Öl 2 bis 3 Min. unter Rühren bissfest garen. Die Kräuter waschen und trocken schütteln. Den Schnittlauch und die Blattpetersilie fein hacken. Alles mit den Linsen vermischen. Mit Essig, Öl, Salz, Pfeffer und Honig pikant abschmecken.
Den Linsensalat anrichten und mit der marinierten Entenbrust servieren.

Zutaten
2 Entenbrustfilets mit Haut

für die Beize
1 Orange
etwas Honig
Thymianzweige

100 g braune Linsen
100 g rote Linsen
1 kleine Knoblauchzehe
1 Lorbeerblatt

1 Möhre
etwa ¼ kleine Sellerieknolle
1 Stange Porree
1 Bund Schnittlauch
1 Zweig Petersilie
etwas dunkler Balsamicoessig
etwas Distelöl
Honig
Salz und Pfeffer

Dazu schmeckt frisches dunkles Brot.

Löffelerbsen mit Speck

Zutaten

575 g ungeschälte
gelbe Erbsen
250 g durchwachsener Speck
1 TL Majoran
1 Lorbeerblatt

2 Zwiebeln
2 Möhren
2 Kartoffeln
1 Stange Lauch
1 EL Butter

Salz
1 Bund Petersilie
Weinessig oder Balsamico

1) Die Erbsen über Nacht in kaltem Wasser einweichen. Am nächsten Tag, die Erbsen im Einweichwasser mit Speck, Majoran und dem Lorbeerblatt aufkochen. Alles abgedeckt etwa 1,5 Stunden köcheln lassen. Den dabei entstehenden Schaum abschöpfen.

2) Inzwischen die Zwiebeln, Möhren und Kartoffeln schälen und in Würfel schneiden. Die Butter in einer Pfanne erhitzen und das Gemüse darin etwa 5 Min. andünsten. Den Lauch gründlich waschen, längs halbieren, klein schneiden und beiseite stellen.
Nach einer Stunde Garzeit den Speck aus den Erbsen nehmen und das Gemüse dazugeben. Den Speck würfeln und wieder untermischen.

3) Das Erbsengericht mit Salz und Essig abschmecken, das Lorbeerblatt entfernen. Den Lauch dazugeben und nochmals kurz aufkochen. Die Petersilie waschen, trockenschütteln und hacken. Die Löffelerbsen, mit Petersilie bestreut, servieren.

Neueste Untersuchungen schreiben den kleinen gelben Kullern eine positive Wirkung auf Nierenfunktion und Blutdruck zu. Das ist vielleicht auch ein Grund dafür, dass gelbe Erbsen schon seit Jahrhunderten auf dem Speiseplan des Menschen weit oben stehen. Weitere Gründe dafür sind sicher die gute Lagerfähigkeit, das hochwertige Eiweiß und die Vielseitigkeit in der Verwendung.

Typisch für Löffelerbsen:
Der Löffel muss drin stehen können!

Pastinakensuppe

1) Die Pastinaken und Zwiebeln schälen und in feine Würfel schneiden. Die Zwiebeln in Butter anschwitzen. Die Pastinaken dazugeben und leicht andünsten. Mit der Gemüsebrühe und dem Weißwein ablöschen.
Alles etwa 10 Min. köcheln. Danach pürieren und noch mal erwärmen, aber nicht mehr kochen.
Die Sahne zugießen und verrühren.

2) Die Suppe mit Salz und Pfeffer abschmecken. Petersilie waschen und trocken schütteln, die Blätter abzupfen und fein schneiden. Die Suppe, mit Petersilie bestreut, servieren.

Dazu kann man frisches Vollkornbrot essen oder in Butter geröstete Brotwürfel zum Garnieren verwenden.

Zutaten
3 mittelgroße Pastinaken
2 Zwiebeln
2 EL Butter
750 ml Gemüsebrühe
etwas Weißwein
200 ml Schlagsahne
Salz und Pfeffer
glatte Petersilie

Vollkornbrot
100 g Wildschweinschinken

*In den Wäldern des Fläming gibt es reichlich Wild. Gutes Wildfleisch kann man über regionale Anbieter beziehen.
Feine Scheiben geräucherten Wildschweinschinkens sind ein Genuss zu Brot und Suppe!*

Pastinakenpuffer

1) Das Gemüse waschen, schälen und grob raspeln.

2) Mit den Eiern, Mehl, Honig, Salz und Pfeffer verrühren und in heißem Butterschmalz daraus kleine Puffer backen.
Mit einem frischen, knackigen Salat eine tolle Mahlzeit! Schmeckt auch zu Apfelmus oder mit Kräuterquark.

Zutaten
500 g Pastinaken
250 g Kartoffeln
250 g Möhren
3 Eier
3 EL Dinkel, fein gemahlen
1 TL Honig
Salz und Pfeffer
Butterschmalz

Die Wiesen rund um Schloss Diedersdorf laden auch im Winter zu einem Spaziergang ein.

Das Klemmkuchenfest wird traditionell zu Lichtmess, am 2. Februar wenn die Weihnachtszeit endet, gefeiert.

Klemmkuchen

1) Die Zutaten für Variante 1 gut verrühren und mit einem elektrischen Hörncheneisen ausbacken.

2) Die fertig gebackenen Klemmkuchen werden zu Tütchen oder zu Rollen geformt. Etwas abgekühlt, kommt frische Schlagsahne hinein.
Dazu gibt es Sauerkirschen oder Brombeeren.
Sehr gut schmeckt es auch mit Sahne und Sanddornmus!

Alternativ:
Statt der Milch kann auch Wasser oder Bier verwendet werden.

Zutaten Variante 1
für 35 Klemmkuchen

125 g Mehl
50 g Butter
50 g Honig
250 ml Milch
1 Prise Salz

600 ml Schlagsahne
Kirschen, Brombeeren
oder Sanddornmus

Zutaten Variante 2
für alte Klemmkucheneisen,
im Feuer gebacken;
für 30 Klemmkuchen

1 kg Mehl
500 g Butter
100 g Schweinefett
200 g Honig
250 ml Milch
1 Prise Salz
150 g Rosinen
150 g Speck, gewürfelt

Zu Lichtmess werden im Naturschutzzentrum Kleinrössen traditionell Klemmkuchen gebacken. Hier kann man beide Varianten probieren. Gefüllt mit frischer Sahne oder herzhaft: mit Speck und Rosinen. (Abbildung links).

Rosinenstuten
aus dem Römertopf

1) Die Hefe zerkrümeln und in eine Schüssel geben. Warme Milch, Honig, Eier und Butter dazugeben, alles gut miteinander verrühren. Mehl und Salz hinzufügen und alles zu einem Teig verarbeiten. Den Teig abdecken und an einem warmen Ort etwa 20 Min. ruhen lassen.

2) Den Römertopf mit Butter einfetten. Den Teig nochmals durchkneten. Zitronenschale, Rosinen und Mandeln dazugeben und aus dem Teig einen Laib formen. Diesen in den Römertopf legen und weitere 15 Min. gehen lassen.

3) Den Römertopf verschließen und in den kalten Backofen schieben. Den Rosinenstuten bei 200 Grad 40 Min. backen. Nach 30 Min. den Deckel entfernen und weiter backen. Den Stuten zum Abkühlen aus der Form auf ein Kuchengitter stürzen und, noch heiß, oben mit zerlassener Butter bestreichen.

Zutaten
1 Würfel frische Hefe
¼ Liter lauwarme Milch
3 EL Honig
100 g flüssige Butter
500 g Weizen, gemahlen
2 Eier
1 Messerspitze Salz

Schale von ½ Zitrone
150 g Rosinen
2 EL gehackte Mandeln

Butter und Mehl für die Form
Butter zum Bestreichen

Um mit dem Römertopf zu backen, muss dieser gewässert werden. Dafür werden Topf und Deckel etwa eine halbe Stunde vor Verwendung mit Wasser gefüllt.

Fläminger Mohnpiele

1) Den Mohn mahlen, in die kochende Milch geben und gut durchrühren. Die fein gemahlenen Mandeln, die abgeriebene Zitronenschale, das Mark der Vanilleschote und die Schote dazugeben und 5 Minuten unter ständigem Rühren leise kochen lassen.

2) Den Honig und den Zimt mit unterrühren und alles abkühlen lassen. Die Schlagsahne schaumig schlagen und unterheben.

3) Das Brot in dünne Scheiben (1 cm) schneiden und im Wechsel mit dem Mohnbrei in mehrere Schichten übereinander, in eine Glas- oder Keramikschale, füllen. Die letzte, oberste Schicht ist Mohn.

Die Mohnpiele sollte jetzt ein paar Stunden ruhen und gut gekühlt werden. Zum Servieren kann man noch in Butter geröstete Mandelsplitter oder in Rum getränkte Rosinen darauf verteilen.

Zutaten

250 g Mohn, gemahlen
½ Liter Milch
6 Bittermandeln, gemahlen
200 g Mandeln, gemahlen
1 Vanilleschote
1 EL Zitronenschale
1 Prise Meersalz

4 EL Honig
Zimt
300 ml Schlagsahne

5 Scheiben Rosinenstuten

Butter und Mandelsplitter
oder
Rosinen und Rum

Wenn man altbackenes Brot verwendet, dann benötigt man etwas mehr Milch. Die Brotscheiben dann vorher in Milch einweichen und mit einem Bratenheber etwas ausdrücken. Die Mohnpiele sollte schön feucht und saftig sein.

Die Natur als Holzbildhauer im Naturpark Nuthe-Nieplitz am Grössinsee.

Still ruht das Seechen bei Blankensee in der Wintersonne.

Frischkorngericht
Die gesunde Vollwertmahlzeit

1) Am Abend vorher: 3 EL Getreide pro Person – werden mit einer Getreidemühle fein geschrotet.
Das Mahlen muss jedes Mal frisch, vor der Zubereitung, vorgenommen werden. Dafür benötigt man eine Getreidemühle oder eine Küchenmaschine mit einem Mahlwerk.
Das gemahlene Getreide wird mit Wasser zu einem weichen Brei gerührt und über Nacht abgedeckt (nicht im Kühlschrank!) stehen gelassen.
Wenn man den Frischkornbrei mittags genießen will, ist es ausreichend, ihn erst morgens anzusetzen.

2) Der Grundbrei: 6 EL süße Sahne, oder mehr, in den Getreidebrei rühren. Dazu zwei geriebene Äpfel (mit Schale) untermischen, ein Spritzer frische Zitrone und eine klein geschnittene Banane. So wird das Gericht luftig und locker.

3) Nun kommt noch weiteres frisches Obst hinzu: Birnen, Pflaumen, Pfirsiche, Kirschen oder Ananas, je nach Angebot und eigenem Geschmack.
Mit einer Handvoll Nüssen und ein paar farbenfrohen Beeren als Garnierung ist es auch schon fertig – Guten Appetit!

Zutaten
(für zwei Personen)

6 EL Getreide
(Dinkel sowie Weizen, Hafer, Gerste, Buchweizen, Roggen …),
Wasser zum Einweichen

100 ml Schlagsahne

frisches Obst:
2 Äpfel
1 EL Zitronensaft
1 Banane
und dazu
Pflaumen, Ananas, Birnen, Bananen, Pfirsiche …

zum Garnieren:
frische Beeren
Nüsse

Entscheidend ist die Verwendung von frischem, keimfähigem Getreide. Ich verwende Dinkel als Hauptteil meiner Körnermischung. Im Getreide steckt eine Wucht von Energie und Vitalstoffen. Das Getreide erhält man im Bioladen oder in einem gut sortierten Supermarkt. Es macht keinen Sinn, fertigen Weizenschrot oder Haferflocken zu kaufen, da diese nicht ausreichend frisch sind und für die Haltbarkeit schon wärmebehandelt wurden.

Suppengrün – selbst gemacht!

Beim Putzen von Wurzelgemüse, Rüben, Knollen, Porree, Kohl und Kräutern entstehen sogenannte Abfälle – das ist gutes Suppengrün! Die Zusammensetzung kann man nach eigenem Geschmack variieren. Die besten Resultate erhält man durch eine große Vielfalt, wobei man darauf achten sollte, dass kein Gemüse dominiert.

1) Das Gemüse vorher mit der Gemüsebürste und viel Wasser gut putzen. Faulige, weiche Stellen entfernen. Das Gemüse schälen – vertrocknete Teile werden mit verwendet. Alles wird fein gehackt und auf Küchenpapier verteilt, damit es etwas abtrocknet.

2) Das Gemüse wird nun, abwechselnd mit Meersalz, in ein Glas gefüllt, kräftig durchgeschüttelt und im Kühlschrank aufbewahrt.

Zutaten
Möhren-, Rüben-, Sellerieschalen, Porreereste ...,
Petersilienstiele,
Meersalz

Gemüsebrühe – selbst gemacht!

1) Damit der Gemüsefond mehr Farbe bekommt, kann man eine halbierte Zwiebel mit den Anschnittseiten in einen großen Topf legen und kräftig anrösten. Etwas abkühlen lassen, den Topf mit Wasser füllen und mit der Zwiebel und den Gewürzen zum Kochen bringen.

2) Alle weiteren Zutaten (Gemüsereste und Schalen) werden nun zerkleinert und dazugegeben. Die Brühe kann jetzt etwa eine Stunde köcheln. Dann wird alles durch ein großes Sieb gegossen – das Gemüse ist nun ausgelaugt und kann entsorgt werden.

3) Die Gemüsebrühe noch heiß in Schraubgläser füllen, verschließen und im Kühlschrank aufbewahren – oder kleine Portionen einfrieren.

Zutaten
(für 3 Liter Gemüsebrühe):
2 Zwiebeln
Thymian und andere Kräuter
5 Wacholderbeeren
1 TL Piment, Lorbeer
200 g Knollensellerie
300 g Staudensellerie
600 g Möhren
400 g Porree
zusätzlich:
saubere, Gemüsereste,
auch vom Vortag –
schon getrocknet.

Hinweise zu den Rezepten

Wenn nicht anders ausgewiesen, sind die Rezepte für 4 Personen.

Was bedeuten die Abkürzungen?

g = Gramm   ml = Milliliter

TL – Teelöffel   EL = Esslöffel

1 Handvoll – das bestimmt der Bauch, greifen Sie einfach zu! Wenn keine Angabe gemacht ist, dann heißt es einfach verkosten, denn jeder hat einen anderen Geschmack.

Roggen, Dinkel, Gerste, Weizen, Hafer, Hirse . . .

werden immer als volles Korn frisch vermahlen. Mehl bedeutet also immer Vollkornmehl. Brot immer Vollkornbrot.

Muss es immer Bio sein?

Ich ziehe Bio-Lebensmittel anderen Lebensmitteln vor. Der Anteil an Schadstoffen ist deutlich geringer. Allerdings verwende ich nur Bio-Lebensmittel mit niedriger Verarbeitungsstufe, also rohe Produkte sowie Milchprodukte und keine Fertigback- oder Würzmischungen.
Ich verwende ausschließlich Bio-Schlagsahne, die kein Carrageen enthält, sowie Bio-Eier.

Müssen Obst und Gemüse geschält werden?

Geschält wird nur, wenn die Früchte möglicherweise gespritzt oder holzig sind. Alles andere bleibt dran, da in der Schale wertvolle Vitalstoffe enthalten sind, die sonst verloren gehen. Tomaten schäle ich nicht. Wenn die Schalen stören, z. B. in der Tomatensuppe, kann ich die Suppe immer noch passieren.

Salz und Pfeffer

Reines Salz, natürlich ohne Jod, verwende ich zum Kochen; zum Würzen nehme ich Vollmeersalz aus der Mühle. Pfeffer sollte immer frisch gemahlen werden, da die ätherischen Öle sehr schnell verfliegen.

Apfelsinen und Zitronen verwende ich nur unbehandelt.

Wo erfahre ich mehr über vitalstoffreiche Vollwertkost?

Aus meiner Ausbildung zur Gesundheitsberaterin GGB, möchte ich folgende Literatur empfehlen:
Dr. med. M. O. Bruker: »Unsere Nahrung – unser Schicksal«
Dr. M. O. Bruker/Ilse Gutjahr: »Zucker, Zucker . . .«

Meine Vorratskammer

Bei mir ist das der Keller ...

Äpfel: Gehören nicht in den Kühlschrank, sondern in den dunklen, kühlen Keller oder auch ins Gartenhaus. Sie benötigen eine weiche Unterlage aus Karton oder Zeitungspapier und werden nach Möglichkeit nebeneinander gelagert.

Tomaten: Bewahre ich unter dem Küchenherd im Schubfach auf. Sie mögen es vor allem dunkel und warm. In der Haupttomatenzeit, wenn ich sehr viele ernte, schneide ich die Tomaten klein und koche sie mit wenig Wasser in Schraubgläsern ein. Oft ist in dieser Zeit auch das Basilikum schön kräftig, dieses kommt dann gleich mit ins Glas. Vor dem ersten Frost nehme ich von allen Freilandtomaten die ganzen Trauben ab. So habe ich oft bis Anfang Dezember noch nachgereifte Tomaten.

Kräuter: Pfefferminze, Salbei, Rosmarin, Thymian, Oregano und Lavendel in kleinen Bunden unter einem Vordach im Freien aufhängen. Wenn sie trocken sind, die Blätter abrebeln und in gut verschlossenen Gläsern dunkel aufbewahren. Schnittlauch, Petersilie und Dill verlieren getrocknet ihr Aroma. Deshalb klein schneiden, abtrocknen lassen, damit sie nicht zusammenkleben, und in kleinen Dosen einfrieren. Basilikum und Kerbel schmecken getrocknet und eingefroren nicht mehr. Da hilft nur: klein hacken und mit etwas Öl oder als Pesto in kleine Schraubgläser einlegen oder einkochen.

Wurzelgemüse: Rote Bete, Teltower Rübchen oder Möhren kommen in eine Sandkiste. Dafür kann man auch im Winter nicht verwendete Balkonkästen und -kübel verwenden. So halten sie sich im kühlen Keller monatelang frisch.

Beerenfrüchte: Sanddorn, Aronia, Hagebutte, Preiselbeere, Holunder, Cornus, ... egal, ob Wild- oder Gartenbeeren – die meisten Beeren kann man einfrieren oder trocknen. Außerdem koche ich Beeren zu fertigem Mus ein. Die gesäuberten Beeren 4 Min. kochen, dann passiere ich sie durch ein etwas gröberes Sieb. Das Fruchtmus wecke ich in kleine Gläser ein; z. B. für Salatdressings, Bratensoßen oder für Süßspeisen.

Honig kaufe ich am liebsten beim Imker - hier gibt es viele Sorten mit sehr unterschiedlichem Geschmack.

Walnuss-Schokoladen-Torte Backen ist Liebe

Kräuter- und Gemüsebrote Spinat-Meerrettich-Tarte

Vitale Landbäckerei – Vollwertiges aus dem Fläming
70 süße und herzhafte Backrezepte mit ganzseitigen Fotos –
eine kulinarische Erkundung von Michaela Barthel
ISBN 978-3-9815286-1-9
www.vitale-landküche.de

Ich liebe gutes Brot und leckeren Kuchen. Der Duft frischen Brotes erinnert mich an meine Kindheit, an die Besuche in der Mühle meines Großvaters. Hier gab es Brot, das noch ehrlich, in Handarbeit gebacken wurde, nur mit Mehl, Wasser und Sauerteig. In dünne Scheiben geschnitten, gut mit Butter bestrichen und wenig gesalzen, war es nicht nur für uns Kinder eine Delikatesse. Dieses Erlebnis und die leckeren Kuchen und Torten der Großmutter und meiner Mutter haben meine Liebe zum Backen und die Suche nach ursprünglichen Rezepten geprägt.

Die Zutatenliste habe ich allerdings etwas verändert, da ich vollwertig backe. Bei allen meinen Rezepten verwende ich Vollkornmehl. Das erfordert ein wenig Übung, denn dieses Mehl hat ein anderes Knet- und Backverhalten als Auszugsmehle. Der gute Geschmack ist mir Belohnung genug. Außerdem ist der hohe Mineral- und Ballaststoffanteil gut für die Gesundheit. Auch Zucker habe ich aus meiner Küche verbannt. Gesüßt wir mit Honig oder gereiften Früchten.

Ganz besonders gut eignen sich die Vollkornmehle, insbesondere Dinkel und Roggen für die herzhaften Backwaren, seien es Gemüsebrote, Gemüsekuchen oder Pizzas. Getreide oder Mehl und alle Zutaten dafür verwende ich aus der Region. Die Jahreszeiten bestimmen die Art des Kuchenbelages oder der Füllung.

So wie meine Großmutter schon, habe ich mein Wissen um die Geheimnisse der Backkunst auch an meine Kinder weitergegeben. Inzwischen sind meine Enkel begeisterte Helfer beim Teiganrühren und Kuchenbelegen. Sicher auch deshalb, weil Oma sich Zeit für sie nimmt und man zwischendurch wunderbar naschen kann.

In meinem neuen Buch finden Sie über 70 Rezepte für Brot, Brötchen, süße und herzhafte Kuchen, Gebäck und Torten. Ich freue mich, wenn auch Sie sich von dem einen oder anderen Rezept angeregt fühlen und es ausprobieren. Sollten Sie Gefallen daran finden oder eine Anregung haben, schreiben Sie mir bitte.

Herzlichst, Ihre Michaela Barthel